事例でわかる
経営戦略成功のカギ

経営判断に役立つガイドブック

EY新日本有限責任監査法人 編

同文舘出版

はじめに

　経営者が重要視していることは積極的な成長戦略であり、企業規模を拡大させることによって企業価値が向上しステークホルダーの期待に応えられると考えています。しかし、経営者が当初目論んだ成長戦略の成果を、本当にステークホルダーに対して目に見えるような形（財務諸表）で説明できるでしょうか。M&A や海外進出、生産拠点への投資等で企業規模は拡大するかもしれませんが、想定していない損失などによりその投資を回収するだけの利益の獲得に結び付かないことも考えられます。

　企業の経済活動の状況は、それを売上高、利益、資産などに数値化した財務諸表として定期的に開示します。したがって、成長戦略の成果が売上高や利益に的確に反映し、財務諸表に確実に表れなければ、経営者の努力や目論見がステークホルダーには伝わりません。また、財務諸表に表れた成果をうまく説明できなければ戦略の失敗と受けとめられるリスクもあります。

　一般に公正妥当と認められる会計基準により作成される財務諸表は、各企業が行う経済活動の結果を期間比較したり、企業間比較したりすることができるとともに、経営戦略の結果が表現されているとも言えます。したがって、経営者が会計制度を考慮しないで経営戦略を策定し実施していくと、結果として目論んだ成果が得られないことや非効率な投資が行われるリスクとなることが考えられ、ステークホルダーから厳しい評価を受けることになるかもしれません。

　本書は公認会計士が執筆していますが会計の専門書ではなく、企業が直面する具体的な経済事象から入っています。経営者はさまざまな経済事象から戦略を考えますが、経理部門や監査法人等から受ける指摘に対して疑問を感じることがあります。そこで、その疑問に対して経営者にわかりやすいよう

に説明するとともに、そのような経済事象に対して、会計制度はどのように考え、どのようにルール化しているのかを解説し、経営者が考える経営戦略と会計制度のつながりを理解してもらえるように構成しました。併せて、論点となる会計処理に対する経営者等の疑問について、経営者の立場に立ってやさしく解説しています。

　本書が、経営者等にとって効果的な成長戦略を策定し、その成果を多様なステークホルダーに対して自信をもって説明できることの一助になれば幸いです。

　2021 年 6 月

執筆者一同

目　次

第1章　事業拡大戦略（M&A）

第2章　投資戦略

第3章　事業再構築（リストラクチャリング）

第4章 IR戦略

第5章 内部管理

本書で扱う戦略と課題

事業拡大戦略 （M&A）	組織再編の方法	第1章
	のれんの償却期間	
投資戦略	工場投資に伴う将来の除却費用	第2章
	研究開発投資	
	企業グループの連結範囲	
	連結グループの決算期の統一	
	連結会計方針の統一	
	為替予約によるリスクヘッジ	
事業再構築 （リストラクチャ リング）	撤退事業の固定資産の減損	第3章
	リストラクチャリングに伴う引当金	
	繰延税金資産の計上と取崩し	
IR戦略	ROEなどの経営指標	第4章
	包括利益の開示	
	有価証券の保有目的ごとの評価方法	
	監査上の主要な検討事項（KAM）	
内部管理	会社法と金融商品取引法の内部統制	第5章
	関連当事者取引と利益相反取引	
	売上債権に対する貸倒引当金	
	販売価格が下落した製品の評価	
	決算書の過年度遡及修正	

本書で扱う戦略ごとのポイント

(左の数字は 💡知っておきたいポイント の番号、右の数字は頁を示します)

〈事業拡大戦略（M & A）〉

組織再編の方法

のれんの償却期間

〈投資戦略〉

工場投資に伴う将来の除却費用

研究開発投資

企業グループの連結範囲

連結グループの決算期の統一

連結会計方針の統一

為替予約によるリスクヘッジ

〈事業再構築（リストラクチャリング）〉

撤退事業の固定資産の減損

リストラクチャリングに伴う引当金

繰延税金資産の計上と取崩し

〈IR 戦略〉

ROE などの経営指標

包括利益の開示

有価証券の保有目的ごとの評価方法

監査上の主要な検討事項（KAM）

〈内部管理〉

会社法と金融商品取引法の内部統制

関連当事者取引と利益相反取引

売上債権に対する貸倒引当金

販売価格が下落した製品の評価

決算書の過年度遡及修正

コラム一覧

凡　例

正式名称	略称
財務諸表等の用語、様式及び作成方法に関する規則（財務諸表等規則）	財規
連結財務諸表の用語、様式及び作成方法に関する規則 （連結財務諸表規則）	連結財規
「連結財務諸表の用語、様式及び作成方法に関する規則」の取扱いに関する留意事項について（連結財務諸表規則ガイドライン）	連結財規ガイドライン
会社法施行規則	施行規則
会社計算規則	計算規則
金融商品取引法	金商法
企業結合に関する会計基準〔企業会計基準第21号〕	企業結合会計基準
企業結合会計基準及び事業分離等会計基準に関する適用指針 〔企業会計基準適用指針第10号〕	企業結合事業分離適用指針
固定資産の減損に係る会計基準	減損会計基準
固定資産の減損に係る会計基準の適用指針 〔企業会計基準適用指針第6号〕	減損会計適用指針
資産除去債務に関する会計基準〔企業会計基準第18号〕	資産除去債務会計基準
資産除去債務に関する会計基準の適用指針 〔企業会計基準適用指針第21号〕	資産除去債務適用指針
金融商品に関する会計基準〔企業会計基準第10号〕	金融商品会計基準
金融商品会計基準に関する実務指針〔会計制度委員会報告第14号〕	金融商品実務指針
金融商品会計に関するQ&A	金融商品Q&A
外貨建取引等会計処理基準	外貨建取引会計基準
外貨建取引等の会計処理に関する実務指針 〔会計制度委員会報告第4号〕	外貨建取引実務指針
外貨建取引等会計処理基準の改訂に関する意見書	外貨建会計基準改訂意見書
退職給付に関する会計基準〔企業会計基準第26号〕	退職給付会計基準
退職給付に関する会計基準の適用指針〔企業会計基準適用指針第25号〕	退職給付適用指針
退職給付制度間の移行等の会計処理に関する実務上の取扱い 〔実務対応報告第2号〕	退職給付制度間の移行等の取扱い
貸借対照表の純資産の部の表示に関する会計基準 〔企業会計基準第5号〕	純資産会計基準
包括利益の表示に関する会計基準〔企業会計基準第25号〕	包括利益会計基準
会計方針の開示、会計上の変更及び誤謬の訂正に関する会計基準 〔企業会計基準第24号〕	過年度遡及基準
棚卸資産の評価に関する会計基準〔企業会計基準第9号〕	棚卸会計基準
関連当事者の開示に関する会計基準〔企業会計基準第11号〕	関連当事者会計基準
関連当事者の開示に関する会計基準の適用指針 〔企業会計基準適用指針第13号〕	関連当事者適用指針

正式名称	略称
比較情報の取扱いに関する研究報告〔会計制度委員会研究報告第14号〕	比較情報研究報告
我が国の引当金に関する研究資料〔会計制度委員会研究報告資料第3号〕	引当金研究資料
連結財務諸表に関する会計基準〔企業会計基準第22号〕	連結会計基準
持分法に関する会計基準〔企業会計基準第16号〕	持分法会計基準
連結の範囲及び持分法の適用範囲に関する重要性の原則の適用等に係る監査上の取扱い〔監査・保証実務委員会実務指針第52号〕	連結範囲の重要性
親子会社間の会計処理の統一に関する監査上の取扱い〔監査・保証実務委員会実務指針第56号〕	会計処理統一の取扱い
「親子会社間の会計処理の統一に関する監査上の取扱い」に関するQ&A〔監査・保証実務委員会実務指針第87号〕	会計処理統一の取扱いQ&A
連結財務諸表作成における在外子会社等の会計処理に関する当面の取扱い〔実務対応報告第18号〕	在外子会社の会計処理の取扱い
セグメント情報等の開示に関する会計基準〔企業会計基準第17号〕	セグメント会計基準
研究開発費等に係る会計基準	研究開発費等会計基準
研究開発費及びソフトウェアの会計処理に関する実務指針〔会計制度委員会報告第12号〕	研究開発費等実務指針
研究開発費等に係る会計基準の設定に関する意見書	研究開発費等意見書
税効果会計に係る会計基準	税効果会計基準
繰延税金資産の回収可能性に関する適用指針〔企業会計基準適用指針第26号〕	回収可能性適用指針
会計上の見積りの監査〔監査基準委員会報告書540〕	見積りの監査
財務計算に関する書類その他の情報の適正性を確保するための体制に関する内閣府令	内部統制府令
財務報告に係る内部統制の評価及び監査の基準並びに財務報告に係る内部統制の評価及び監査に関する実施基準の設定について（意見書）	内部統制基準意見書
財務報告に係る内部統制の評価及び監査の基準	内部統制基準
財務報告に係る内部統制の評価及び監査に関する実施基準	内部統制実施基準
内部統制システムに係る監査の実施基準（日本監査役協会）	内部統制システム実施基準
監査役監査実施要領（日本監査役協会　監査法規委員会）	監査役監査実施要領
監査基準の改訂について（2018年7月5日）	2018年監査基準改訂
監査上の主要な検討事項に関するQ&A集・統合版（日本監査役協会　会計委員会）	KAMのQ&A集
独立監査人の監査報告書における監査上の主要な検討事項の報告〔監査基準委員会報告書701〕	監基報701
監査した財務諸表が含まれる開示書類におけるその他の記載内容に関連する監査人の責任〔監査基準委員会報告書720〕	監基報720
有価証券上場規程（東京証券取引所）	上場規程

事例でわかる経営戦略成功のカギ

経営判断に役立つガイドブック

第 1 章

事業拡大戦略
(M＆A)

事業規模を拡大する戦略に合併や買収（M＆A）がありま
す。複数の企業を結合することによって売上規模は拡大
しますが、企業結合のプロセスを誤ると思わぬ費用や損失が生
じ、M＆Aの効果が思ったように利益に反映しないリスクがあ
ります。

　本章では、経営者がM＆A戦略による財務諸表への影響を
理解し、効果的・効率的な戦略の策定に役立つように、典型的
なM＆Aの手法を使った事業拡大戦略と会計制度とのつなが
りを解説しています。

1

販売アイテムを拡大するために
他社の事業と統合する方法

背 景

　当社（A社）は、小売店を販売領域として100年続く調味料専門商社です。町の小さな商店までカバーするきめ細やかな販売・物流機能を発揮して、特約店として成長してきました。しかし、近年は大手量販店の台頭により、当社が得意とする小売店マーケットが縮小し、事業を継続することが非常に苦しい状況です。

　このような外部環境の変化に対応するため、当社は販売領域を小売店から大手量販店へ変更することを検討していますが、大手量販店との取引では、調味料以外の幅広いアイテムを提供する必要があります。したがって、乾物、即席食品や冷凍食品、水産加工品等を扱う食料品総合商社へ転換したいと考えています。

　しかしながら、調味料以外のアイテムに関しては、メーカーの特約店に指定されていないため、当社単独で商品を提供することが困難です。そこで、乾物や即席食品の食料品専門商社B社および冷凍食品や水産加工品の食料専門商社C社と経営統合等を行い、取扱いアイテムをお互いに補完し合うことにより、大手量販店に幅広いアイテムを提供することを考えています。この案件に対して当社の経営企画部からは、持株会社や合併などの広い意味での経営統合のスキームとして次の3つが提案されました。

（案1）新しい会社を設立し、その新会社を通してすべてのアイテムを
　　　　大手量販店へ販売する。

（案2）当社がＢ社およびＣ社を買収することにより子会社化し、当社
　　　がＢ社、Ｃ社から商品を仕入れ、大手量販店へ販売する。

（案3）当社、Ｂ社、Ｃ社が合併し１つの会社となり、すべての商品を大
　　　手量販店へ販売する。

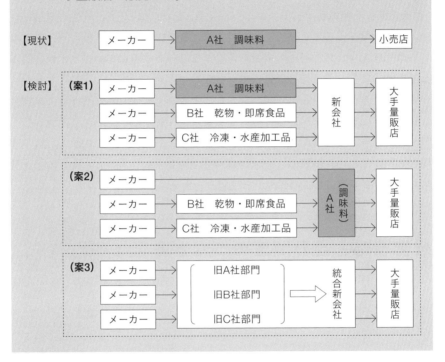

 経営者の疑問

　当社は、Ｂ社やＣ社とは商圏も文化も規模も社歴も大きく異なっ
ています。当社は祖父の代から会社を徐々に大きくしてきました
ので、当社の看板を今後も継続したいと考えています。一方で、Ｂ社やＣ社
にも会社経営の背景があるので、3社の強みを最大限発揮するためには、ど
のようなスキームで経営統合するのが望ましいのか悩んでいます。

3

アドバイス

　経営者としては、経営統合の技術的な手法を選択することも重要ですが、まずは、企業組織再編成（以下「組織再編」という）にあたっては、複数の会社の事業を統合する「目的」と今後期待する「相乗効果」を関係者間でしっかり共有することが大切です。各社の事業や組織、社内制度をそのまま維持するだけでは、経営統合の効果を最大限発揮することはできないため、各社の事業の非効率な部分を見直していくことが必要となります。歴史が長い会社ほど過去からのやり方を変更することに対する現場からの抵抗も強くなることが想定されるなど、経営統合を成し遂げるには膨大な作業を伴いますので、現場に負荷が想像以上にかかり、関係者には大きな不安や負担を与えるものになります。したがって、経営統合による「目的と効果」を明確にして、実態に合った組織再編のスキームを検討し、各社の経営者のみならず従業員にも納得感のある仕組みを構築することが重要となります。

経営戦略と会計制度のつながり

　事業の統合は、異なる企業グループが競争力を強化するため双方の強みを活かしお互いの融合を図りますが、その過程では、共通する事業はいずれか強い方へ一本化していくとともに、不採算事業を見直していくことにもなります。近年の代表的な流れとしては、別々の企業が最初から1つの企業になるのではなく、まずは持株会社（ホールディングカンパニー＝HD）を設立し、それぞれの企業がその傘下に入り、同じ親会社のもとで事業ごとに戦略を共有し、それぞれの企業の関係を深めていく手法が多く用いられます。ここで「持株会社」とは、自社では事業を運営しないで傘下の会社を実質的に支配し、その会社の事業活動を管理することを目的とした会社をいいます。

　持株会社を設立するにしても、会計手法として、合併、株式交換・株式移転、会社分割、営業譲渡・譲受など多くの方法がありますので、それぞれの企業ごとの実態や目的に合うように慎重に検討する必要があります。また、

組織再編のスキーム作りにおいて、それぞれの企業における会計処理に加え、新しく設立した持株会社やそれぞれの会社の株主との関係を整理する必要があります。

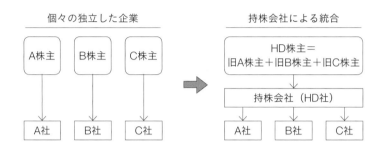

また、組織再編において、持株会社の設立ではなく合併などにより複数の会社を1つの会社にするスキームの場合、相手会社の資産負債をいくらで受け入れるのか検討する必要があります。

企業結合は、会計上、次のように分類され、それぞれの経済実態に合わせて会計処理が規定されています。

分類	経済実態	会計処理の根拠	資産負債の評価
共通支配下の取引等	企業集団内の取引	企業集団内の内部取引と同じ	適正な簿価
共同支配企業の形成	独立した企業による共同支配	いずれの投資企業も支配を獲得しない	適正な簿価
取得	独立企業間の企業結合	新規の投資と同じ	取得の対価となる現金または株式等の時価

したがって、経営統合を行ううえでは、各社の置かれている経済実態を把握するとともに、お互いの企業の事業内容を理解し、企業結合の会計処理を行ったあとに、想定していなかった損失が表面化することや目論見と異なる企業集団が形成されてしまうことは避けなければなりません。

知っておきたいポイント **1-1**

企業結合の分類について教えてください

　企業結合は、会計上、次のように分類されます。なお、カッコ内は「企業結合会計基準」の項数を示しています。

分類	定義
共通支配下の取引等（40項）	①結合当事企業のすべてが、企業結合の前後で同一の株主により最終的に支配され、かつ、その支配が一時的ではない場合の企業結合（共通支配下の取引）。(16項) ②企業集団を構成する子会社の株主と、当該子会社を支配している親会社との間の取引（被支配株主との取引）。(120項)
共同支配企業の形成（11項）	①共同支配企業とは、複数の独立した企業により共同で支配される企業をいう。 ②共同支配企業の形成とは、複数の独立した企業が契約等に基づき、共同支配企業を形成する企業結合をいう。
取得（9項）	ある企業が他の企業または企業を構成する事業に対する支配を獲得すること。

　なお、「共通支配下の取引等」については知っておきたいポイント **1-6** で、「共同支配企業の形成」については知っておきたいポイント **1-7** で説明します。

　ここでは、独立した企業間で行われる企業結合である「取得」について説明します。「取得」とは、ある企業が他の企業または企業を構成する事業に対する支配を獲得することをいい、支配する企業を「取得企業」、支配される企業を「被取得企業」といいます（企業結合会計基準10項）。

　この場合、取得企業が被取得企業に行う新規の投資と同じと考え、被取得企業の資産負債の取得原価は、取得の対価となる現金または株式等の時価で算定することになります（企業結合会計基準23項）。具体的には、有価証券や土地など貸借対照表に計上されているものだけでなく、貸借対照表に計上されていない法的な権利や商標権などの無形の資産も時価評価が必要となる場合があるので注意が必要です。

💡 知っておきたいポイント **1-2**

組織再編の手法について教えてください

組織再編の代表的な手法として次のようなものがあります。

手法	原則的な 支払方法	契約形態	資産負債の 取得形態
合併	存続会社の株式	包括承継	直接[※1]
会社分割	承継会社の株式	包括承継	直接[※1]
株式交換・移転	親会社の株式	概念なし	間接[※2]
事業譲渡	現金	個別承継	直接[※1]
株式譲渡	現金	個別承継	間接[※2]

※1：個別財務諸表で被取得企業の資産負債を受け入れる。
※2：個別財務諸表で被取得企業の株式のみ受け入れる。

　合併などの資産負債の取得形態が直接の場合は、経営統合に際して取得企業が被取得企業の資産負債を受け入れることにより会社や事業が１つになるため、組織形態や給与等の社内制度および会計をはじめとするシステムなど、会社としての基本的な仕組みを統一します。

　一方で、株式交換などの資産負債の取得形態が間接の場合は、経営統合に際して取得企業が被取得企業の株主になるため、組織形態や社内制度はそれぞれの会社に存続し、グループの業績を開示する時に連結処理の中で被取得企業の資産負債を受け入れることになります。

　それぞれの企業文化を尊重するなど、１つの会社にすることによるリスク

を見極める期間が必要な場合は、株式交換・移転や株式譲渡の手法をまずは検討する場合が多いものと考えます。

知っておきたいポイント **1-3**

M＆A後の企業グループの体制について、どのようなことに留意すればよいでしょうか

　企業結合は、合併・買収等が合意されるまでに、相手企業の状況の理解や疑問の解消、各方面のデューデリジェンスに多くの時間を費やし企業価値算定を行いますが、その他に企業結合後の企業文化・人事制度・業務システムなどを統合するプロセスが重要です。これをPMI（Post Merger Integration）といいます。

　企業結合の効果を最大にするためには、企業によって異なる経営理念、業務インフラ、企業風土などを1つに統合するプロセスが必要であり、それをM＆Aの合意に至る前に検討することによって、M＆Aの効果や統合するためのコストが顕在化し、企業価値やその対価の算定にも反映することができます。また、重要な人材の引き止めや資産の保全に早期に対応することが可能となります。

　主な統合作業として次のようなことが考えられますが、これらをすべてM＆Aの合意前に実施するのではなく、M＆Aの状況とタイミングに応じた重要性に併せて、優先順位を決めて適時に検討することが大切です。

　M＆Aを成功させるためには、「買収ありき」の方針を排除し、極力早い段階で組織や人材等をうまく融合するためのプロセス（PMI）を考え、それに係るコストを見積もることが重要です。

　また、M＆A後それぞれの企業の従業員は、日常業務をこなしつつ新しい業務フローを構築し、それを運用しながら改善していくことを同時に求められるためPMIへの負担は大きくなります。したがって、経営者は従業員に対してPMIの重要性を丁寧に説明し理解してもらうことも重要です。

分類	統合プロセスの検討事項
経営意識	● 経営理念の周知の方法 ● 経営戦略（シナジー効果等） ● 企業風土、企業文化の融合
機関設計 （買収の場合）	〈子会社化における検討事項〉 ● 機関設計（取締役会、監査役会、会計監査人の設置の要否） ● 監査役の権限が会計監査に限定されている場合の対応 ● 機関設計の変更等に伴う定款の変更（株主総会の時期） ● 取締役、監査役の人選（親会社から派遣するのか） ● 子会社のキーパーソン（業務執行取締役等）のつなぎ止め
事業	● 企業価値算定に使った利益計画の予実モニタリング体制 ● 取引先（販売先・仕入先）の取引継続の有無 ● 取引先の取引条件の変更の有無 ● 拠点の統廃合の有無
人事	● 人事制度（評価、給与、賞与、退職金制度等）の統一 ● 優秀な社員の離職の阻止 ● 就業規則の統合
財務 会計	● 経理業務はどこでやるか、誰がやるか ● 会計方針の統一 ● 無形資産（特許権、ノウハウ等）の引き継ぎ ● 資金の貸借の関係整理
IT	● システム（販売、生産管理、会計、給与等）の整理・統合 ● 情報セキュリティ体制の見直し
ガバナンス	● 職務権限ルールの統一 ● 内部統制システムの再構築・運用方法 ● 財務報告に係る内部統制（J-SOX）への対応 ● コンプライアンス関連規程（内部通報制度等）、その他社内規程の統一

💡 知っておきたいポイント **1-4**

合併処理と連結処理の違いは何でしょうか

　「合併」とは、異なる2つ以上の企業が1つの企業になることです。一方、「連結」とは、買収した企業（親会社）と買収された企業（子会社）はともに存続したうえで、各々の決算を合算処理して1つの報告単位とすることです。

　合併では複数の会社が1つの会社になるため、会社として運営していくうえで、組織、給与などの社内制度、販売や会計システムなど、会社としての基本的な仕組みを1つに統一することになります。また、人材の交流も急速に進める必要があり、社風も新しいものへ変化していきます。

　一方、連結では、親会社と子会社という資本支配関係にはなりますが、各々は個別の企業として存続するため、企業ごとの組織や制度、システムなどの仕組みは当面継続します。しかし、同じ企業グループとなるので人材の交流はある程度進み、会計方針の統一やシステム連携を進める必要があるため、それぞれの社風は企業グループとしての影響は受けますが、合併と異なり徐々に変化していく場合が多いと思われます。

　このように、合併と連結では、企業形態が異なるため事業の性質や特性に応じて、それぞれの企業文化や仕組みをどのように考えるか、また、グループ経営の中でそれぞれの事業をどのように見極めていくのかにより組織再編の手法を選択します。一般的に、就業時間や人事制度、特に給与体系や昇進制度、退職金規程などは会社ごとに異なりますので、従業員が多い企業ほど、いきなり合併して同じ人事制度等を導入することは多くの困難を伴うことが考えられます。したがって、長期にわたる業務提携などにより、お互いの社内状況を理解し、十分な協議ができている場合には合併を選択すること

	合併	連結
手続	株主総会での特別決議や債権者保護手続など厳格な手続が規定されているため煩雑である。	法令上の手続は限定されるため、株式取得を完了すれば、支配を獲得したことになる。
法人格	被合併会社の法人格がなくなる。	子会社の法人格は維持される。
シナジー効果	異なる企業が1つとなるため、仕組みの一体化に時間がかかるが、高いシナジー効果を期待できる。	各企業の事業形態は維持され仕組みの一体化の範囲は限定されるため、高いシナジー効果が期待できないかもしれない。
企業文化	社内手続等を早期に統一する必要があるが、社員のストレスや不満など困難を伴うことが多い。	各企業の法人格は維持されるので、企業文化は時間をかけて統一することになる。

も考えられますが、そのような経緯がない場合には、出資による支配権を獲得する方法により、まずはお互いの企業が別個に存続して、決算報告を合算処理したものを作成する連結を選択することも考えられます。

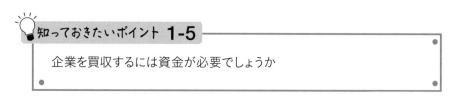

知っておきたいポイント **1-5**

企業を買収するには資金が必要でしょうか

　企業買収において通常は、先方の株式を取得するための資金が必要になります。自己資金が不足していれば、増資や社債発行、借入などにより資金を調達することになります。

　ただし、買収先の株式を全部取得する場合は、買収先の株主に自社の株式を交付することで買収先の株式を取得することもできます。これは組織再編の手法で「株式交換」といい、買収対価としての金銭が不要であるメリットがあります。なお、制度上は、買収先の株主に対する新株の発行に限らず、自社が保有している自己株式の交付や株式以外の財産の交付でもよいことになっています。新株発行や自己株式を交付して株式交換を行うと、買収先の株主が自社の株主となるので、株主管理の負荷は増えます。

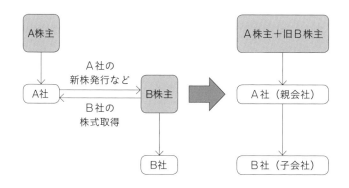

	メリット	デメリット
株式交換	①A社は、対価を株式とすることで、買収資金の準備が不要である。 ②A社は、個々の株主と契約するのではなく、会社同士の合意で手続を進めることができるため、100％子会社化が容易である。 ③B社は100％子会社となっても法人格が維持される。	①A社にとって資産負債をすべて引き継ぐ必要があるため、不要なものまで引き継ぐ可能性がある。 ②株式交換比率の設定、債権者保護手続等の厳格な手続が規定されているため煩雑である。 ③B社の株主がA社の株式となるため、株主管理コストが増加する。

※買収会社をA社、被買収会社をB社とする。

知っておきたいポイント 1-6

同じ株主が支配している企業同士（兄弟会社）が組織再編を行う場合の会計処理について教えてください

　親会社と子会社が合併する場合や子会社同士が合併する場合など、同じ株主が支配している企業同士が行う組織再編を「共通支配下取引」といい、親会社の立場からはグループにおける内部取引であるため、子会社の資産負債は時価評価せずに簿価で処理します（企業結合会計基準41項）。

　例えばA社の子会社C社が、A社の子会社D社（C社の兄弟会社）を吸収合併する場合を考えます。同じ株主A社が支配する会社同士が合併するので共通支配下取引に該当します。通常であれば、C社がD社を「取得」するものとしてD社の資産負債を時価評価するところ、連結会計における内部

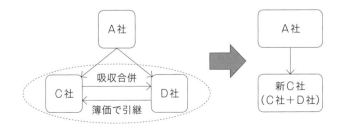

取引と同様に企業集団内での内部取引と考え、企業結合後に帳簿価額が変動しないようにするため、Ｄ社の資産負債を時価評価することなく適正な簿価で評価します。

💡知っておきたいポイント **1-7**

複数の企業が契約等に基づき共同で支配する企業を形成する場合の会計処理について教えてください

　複数の独立した企業が契約等に基づき、共同支配企業を形成する場合、共通支配下取引と同様の理由で時価評価せずに簿価で処理します（企業結合会計基準 38 項）。

　例えばＡ社の子会社Ｃ社が、Ｂ社の子会社Ｄ社を吸収合併する場合を考えます。それぞれ異なる株主の会社が合併するので共通支配下取引には該当せず、通常であれば、Ｃ社がＤ社を「取得」するものとしてＤ社の資産負債を時価評価します。

　ここで新Ｃ社が吸収合併後にＡ社の子会社となるのではなく、Ａ社とＢ社が共同して支配する契約となっており、それぞれが単独で支配している事実がないなど一定の条件を満たす場合には、新Ｃ社は共同支配企業となり、Ｃ社とＤ社の合併は簿価で行うことになります。

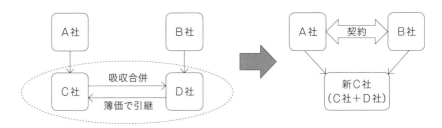

2

企業を高額で買収した時の
超過収益力の処理

背 景

　当社は半導体事業を営んでいる上場企業です。このたび、資産・負債を時価評価した修正純資産が 10 億円の国内の会社を買収し 100％子会社としました。買収価額は、企業価値算定の際に一般的に用いられる「DCF 法」（会社が生み出す将来のキャッシュ・フローから計算する方法）と「時価純資産法」（会社の資産負債を時価に置きなおして計算する方法）を併用して当初 100 億円と考えていました。しかし、買収にあたり競合相手がいたことから最終的に 10 億円上乗せした 110 億円で提示したところ当社に決定しました。

　当期首より連結子会社に含めることになりますが、会計上の「のれん」は 100 億円（買収価額 110 億円－子会社の修正純資産 10 億円）と計算され、その償却期間について検討しています。もともと DCF 法により将来獲得予定のキャッシュ・フローを計算した際の計画期間は 20 年超であること、また、10 年間での償却では当社の各年度の事業計画への影響が大きい（毎期 100 億円÷10 年＝10 億円の営業利益へのインパクト）ことから、短く見積りを行っても 15 年間での償却が妥当ではないかと考えています。経理部長にその旨打診したところ、「のれんの額を当該子会社の利益計画で割り算すれば償却年数となるので、その利益計画の策定プロセスにおいて調整できるから大丈夫」との回答でした。しかし、監査法人から疑問を投げかけられ、協議の申し入れがありました。

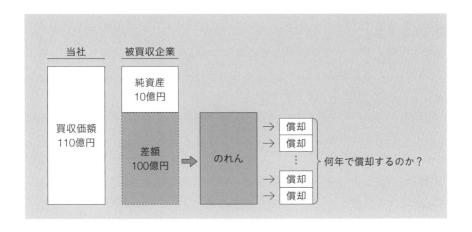

経営者の疑問

会社としては事業計画への影響を極力小さくしたいことから、のれんの償却期間を会計基準で認められている最長期間である 20 年間としたいところ、あえて 15 年間の償却を主張したにもかかわらず、監査法人から 15 年間は長期にわたるので、その根拠を詳細に示すように要請されました。

たしかに、買収価額は修正純資産額に比べて高額であるかもしれませんが、当該子会社に対してそれだけの価値を見いだしたからこそ、会社としては当該金額で買収することを決定しています。また、中期経営計画への影響も考慮して、会計基準で認められている 20 年以内の期間を設定しているにもかかわらず、会社の主張が認められないのは理解できません。

アドバイス

買収企業の修正純資産と投資額の差額である「のれん」の償却期間は、のれんの価値、すなわち超過収益力などが連結グループの収益を増加させる効果の及ぶ期間を見積り決定します。将来期間の予測は不確実性を伴うことから、正確に算出することは実務上困難と考えられます。一方で、困難であることを理由に、のれんを買収時（企業結合日）に全額

費用処理すれば、「のれんの価値は即時に消滅した」とする会計処理となり、子会社の価値を認めて投資額が高額になった要因と整合しなくなります。そこで、のれんの価値が残っていると認めているうちは資産計上し、償却期間を見積もることが必要となります。

　経営者が「将来に効果の及ぶ期間」という会計上の見積りを行う際に、裏付けとして利用する情報の性質および信頼性はさまざまであり、会計上の見積りに伴う不確実性の程度は、これらの影響を受けます。そして見積りの不確実性の程度は、経営者の偏向が意図的であるか否かを問わず、経営者の偏向によって、会計上の見積りに関する重要な虚偽表示リスク（財務諸表に不正が存在するリスク）に結果的に影響を与えることになります（見積りの監査2項）。

　したがって、経営者は裏付けとしての情報の合理性や自らの偏向の有無を慎重に検討するために、被買収企業の財務情報のみならず、業界の動向や経営管理体制などの非財務情報を含め、多方面の情報収集と分析が必要であり、それをもって投資家等に説明することによって、投資行動全体の合理性を理解してもらうことができます。このような手続を丁寧に行う結果、投資家等は、この買収行為によって企業価値が増大するだろうと期待を抱くことができると考えます。

経営戦略と会計制度のつながり

　「のれん」とは、ある会社の株式の取得価額が受け入れた資産・負債に配分された純額を上回る場合のその超過額をいい、資産に計上し、20年以内のその効果の及ぶ期間にわたって規則的に償却します（企業結合会計基準31項、32項）。投資家に開示する企業結合後の連結グループの損益情報は、連結グループが買収時に投資した価額に対してどれだけの利益を獲得しているかを示すことが重要です。したがって、のれんを償却しないことや一時に償却することも考えられますが、規則的に償却することによって、のれん償却費を負担させたうえでの企業結合後の連結営業損益がM＆Aの成否に関する情報として、投資家にとって有用な情報と考えられます（企業結合事業分離適用指針381項（3））。

　一方で、のれんを何年で償却するかによって連結財務諸表における営業損益は大きく変動しますが、会計基準においてのれんの償却期間は「20年以内のその効果の及ぶ期間」としか定められておらず、経営者の見積りに委ねられています。

　また、のれんは価値が著しく低下したと認められるときに減損処理することが会計上求められています。このときも、経営者の見積りによる将来キャッシュ・フローを基に価値の減少の判定や減損損失の額が算定されます。

　このように、企業結合後の営業損益が企業結合の成果として投資家等に対する有用な情報でありながら、その営業損益を構成する要素としての「のれん償却額」が経営者の見積りによるため、経営者の意図的な偏向（操作）があった場合には不正の対象となってしまいます。そのため、このような買収案件に対する経営者の合理的な意思決定に対する監査役・社外取締役の監査・監督機能や会計処理に対する独立した外部からの監査体制としての監査法人の社会的使命は重要と考えられます。

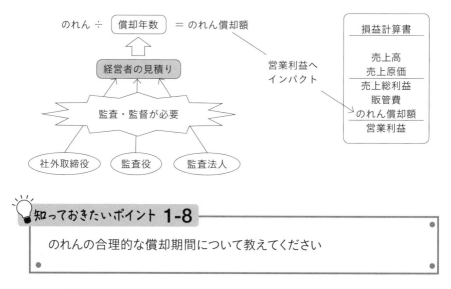

のれんの合理的な償却期間について教えてください

　会計基準によれば、のれんは「20年以内のその効果の及ぶ期間にわたって、定額法その他の合理的な方法により規則的に償却する」（企業結合会計基準32項）と定められていますが、償却期間の具体的な決定方法は明示されておらず、経営者の判断に委ねられています。経営者としては、買収した企業から長期にわたり利益を享受すると考えて投資をしていることから、投資の効果は当然20年以上に及ぶものと考えています。また、経営者は経済環境の変化から被るリスクについては十分に検討しており、さらに、将来リスクが発生した時には対策を講じることも承知しているうえで、買収企業へ投資しています。

　しかし、経営者が行う将来に起こり得る事象の予測は、現時点において利用可能な情報に基づいて行われ、不確実な事項に関しては何らかの仮定を設定して判断していると考えられます。また、経営者の判断は中立性をもって偏向がないように行われますが、将来の業績目標達成に向けての努力など、経営者の主観的な判断を要求されることがあります。この場合に意図的であるか否かを問わず経営者の判断には偏向の可能性が内在すると考えられます（見積りの監査A9）。

　さらに、事業のグローバル化に伴い、企業は予測不能な世界情勢の影響を受けることもあります。2008 年のリーマンショック、2018 年の米中貿易問題、2020 年新型コロナウイルス感染症のパンデミックなどは、グローバルな日本企業に多大な影響を及ぼしています。

　このような状況を踏まえてもなお経営者には、外部の投資家等に対して将来にわたるのれんの償却期間の合理性を説明することが求められることから、経営者としては、将来の不確実性を慎重に検討し、その不確実性を極力排除できる償却期間を決定する必要があります。

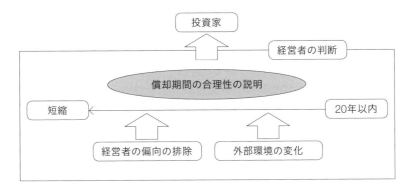

知っておきたいポイント **1-9**

　会社は買収企業に大きな価値を見いだしているのだから、会社の主張で償却期間を決めてはいけないのでしょうか

　のれんの償却期間は「20 年以内のその効果の及ぶ期間」と定められていますが、「のれんの効果」を計るうえで、その性質については合理的に説明できる内容でなければなりません。

　もともと企業を買収するために投資した金額が、どのような意味を持っているのかは経営者が決定しています。何の根拠もなくオークションのように価額を釣り上げているわけではないはずですので、買収する企業の価値は何

であるかを整理し、それに見合った会計処理をすることが考えられます。例えば、企業の価値については、買収企業のブランド力、技術、ノウハウ、自社との相乗効果などが考えられ、それらが買収企業を含めた連結グループ全体へ将来収益をどれだけ生み出すかを十分に検討して投資価額は決定され、その結果のれんの額が算定されることになります。そして、のれんの償却額は本業によって獲得する将来収益に対応するコストという側面も見いだせることから、会計上は営業費用に計上されることになります。

　このように、経営者が最初に買収を計画したときに、買収企業の価値が何であるのか、業界の動向・市場の状況などの外部環境や当該企業のブランド力、営業力、技術力をどのように検討したのかを整理・識別し、それらを踏まえた「効果の及ぶ期間」を、外部の投資家等に説明することによって、その経済合理性が理解されることになります。したがって、経営者は償却期間の決定に関して十分な情報収集と慎重な検討が必要となります。

知っておきたいポイント **1-10**

償却期間の見積りはあくまで見積りなのだから、結果が異なっていても仕方ないのではないでしょうか

　のれんの償却期間の見積りは、長期間にわたり営業損益に対する影響が大きいことから、その見積りの合理性は重要となります。したがって、その時点において入手可能な情報をすべて入手し、それらを客観的に分析して判断した結果は、見積り時点における最良の経営判断と考えられます。「経営判断の原則」においては、取締役の意思決定の過程と内容に著しく不合理な点がない場合、結果的に会社が損害を受けたとしても取締役は責任を負わないという考え方があります。また、見積り額と確定額との間に差異が生じることはありますが、会計的には、確定額は見積りを行った時点以降に発生した新しい事象や状況の影響を必然的に受けることが想定されるため、当該差異は必ずしも財務諸表の虚偽表示（不適正な表示）を意味するものではないと

されています（見積りの監査4項）。

　したがって、買収企業への投資額やのれんの償却期間などにおいて、買収時に合理的で適正な判断を下したものであれば、その後の状況変化によってのれんが減損されたとしても取締役は責任を負わないことも考えられます。一方で、合理的で適正な判断をしていないと認められる場合は、取締役は善管注意義務違反を問われることもある点に注意が必要です。

知っておきたいポイント **1-11**

のれんの減損テストの方法を教えてください

　のれんは「規則的な償却を行う」こととされていますが、「固定資産の減損に係る会計基準」の適用対象資産となっていることから、減損の兆候について留意する必要があります。例えば、のれんの根拠となる技術力は、それを製品に具現化し販売することによってキャッシュを生み出すことになります。このように、のれんは、単独ではキャッシュを生み出さないため、通常のれん自体では減損の兆候があるかどうかを判断できないことから、原則として、のれんを含む、より大きな資産グループ単位で判断することになります（減損会計基準17項）。

知っておきたいポイント **1-12**

のれんの償却と個別財務諸表に計上されている子会社株式の関係について教えてください

　個別財務諸表において、取得原価をもって貸借対照表価額とされている子会社株式にも「のれん相当額」は含まれていますが、それは区別して把握されておらず、したがって償却もされません。このため、のれん相当額を含めた子会社株式は減損会計基準ではなく、金融商品会計基準に従って当該株式

の取得価額全体として減損の判定を行います。

　子会社株式等は、実質価額が著しく低下し回復する見込みがない場合には減損する必要があります（金融商品実務指針 285 項）。「著しい低下」に該当するか否かは、時価評価した子会社の財務諸表の純資産に対する持分相当額と取得価額を比較し、50%超下落しているかどうかで判断します。

知っておきたいポイント **1-13**

のれんは取得時に一括償却してもいいですか

　のれんは、その効果の及ぶ期間にわたり規則的に償却しなければなりません。一方で、のれんの「効果の及ぶ期間」を合理的に算定することは困難であることから、一括償却した方が償却期間の見積りを行う際の恣意性の排除や貸借対照表の健全性の早期確保が可能であるとの考えもあります。

　しかし、会社は買収する企業の純資産額を超える何らかの価値（のれん）を見いだし、それに対して投資していると考えられることから、当該のれんを一括償却することは、会計上、のれんの価値が消滅したと自ら主張しているものとみなされます。のれんに資産性があるにもかかわらず、その価値が消滅したものとして処理することは、過度の保守主義となり適当ではなく、また、投資額の一部を即座に損失処理することは投資額自体の妥当性に疑義が生じかねないものと考えられます（企業結合事業分離適用指針 381 項）。

　したがって、のれんは、その効果の及ぶ期間にわたり規則的に償却することが、投資家等に対して合理的な財務情報を提供することになります。

(コラム>①) **外貨建のれんの償却に関する為替変動の影響**

　在外子会社に対するのれんは、支配獲得時に当該外国通貨で把握します。そして、期末残高は決算時の為替相場により換算し、当期償却額については原則として期中平均相場により換算するため差額が発生します。その差額は為替換算調整勘定に計上します。また、のれん償却額は各期の為替変動により円貨換算額が変動することになり営業損益に影響します。これらについて以下の設例により解説します。

〈設例〉

	のれん償却額			のれん残高			為替換算調整勘定（△貸方）
	外貨（ドル）	期中平均相場	円貨（円）	外貨（ドル）	期末相場	円貨（円）	
支配獲得時				1,000	110	110,000	
1年目	200	107	21,400	800	100	80,000	+8,600
2年目	200	103	20,600	600	105	63,000	△3,600
3年目	200	108	21,600	400	115	46,000	△4,600
4年目	200	118	23,600	200	120	24,000	△1,600
5年目	200	124	24,800	0	125	0	△800
累計	1,000		112,000				△2,000

※為替換算調整勘定＝前期末のれん残高－当期末のれん残高－当期のれん償却額
　この結果、為替換算調整勘定は、＋借方、△貸方となる。

　以上のことから次のような留意点が把握されます。

①円安の会計年度は、のれん償却額は多額になる。1年目は21,400円に対して5年目は24,800円となり、16％多くなった。

②5年間の償却額累計では、各期の為替レートの平均値分だけ損益計算書に影響している。期中平均相場の5年間の平均は112円/ドルであり、支配獲得時の為替相場110円/ドルに対して2円の円安となったため、支配獲得時ののれん金額（110,000円）よりも償却額は2円×1,000ドル＝2,000円過大となった（112,000円）。

③為替レートの影響の累積である為替換算調整勘定（貸方2,000円）は、子会社への投資に対して生じる為替の含み損益であり、当該子会社株式の売却等がない限り実現しない。

第2章

投資戦略

連結グループ企業は、親会社を含めたグループ会社に対するさまざまな投資活動によって成長戦略を実現していきます。生産体制・研究体制の拡充や連結グループのシナジー効果の発揮のために投資しますが、それらの投資に対して親会社が適切にマネジメントしなければ、投資資金を回収できないリスクがあります。

　本章では、経営者が投資効果を効率的に引き出す戦略の策定に役立つように、投資回収の考え方や連結グループのマネジメントと会計制度とのつながりを解説しています。

1

新工場を建設する際に
考慮しなければならない費用

背　景

　当社は、量産品を生産販売している上場企業です。当社の取扱製品は、利幅の薄い量産品ではありますが、特許を取得しており長期間にわたり安定的に利益を獲得できると予想しています。しかし、いくらすばらしい製品であっても市場が求め続けなければ会社の儲けにはつながりません。また、現状の製品が市場でヒットしていて会社の業績が安泰であるように思えても、市場への参入障壁が低ければすぐに競争が生まれます。また、特許によって技術が守られた製品であっても、現行の特許制度では 20 年しか権利はありません。そこで経営者としては、会社を発展させるために、製品コストを安くして価格競争力をつけたり、改良を重ねて付加価値を増やしたりするなどの差別化を図る必要があると考えています。

　当社は市場のニーズを読みながら新しいものを生み出していくために、新たな工場の建設を計画しています。しかし、投資額が多額になるにもかかわらず当該製品から得られる利幅が少ないことや、将来の安定した需要が見込まれるといっても、不確実性の高い世界経済情勢であることを考えると、慎重な意思決定を行う必要があると思っています。したがって、かなり精度の高い投資回収計画が必要になるため、どのような費用を当該計画に織り込む必要があるのか検討しています。

経営者の疑問

経理部からは、現状の設備等を新しく入れ替えるため、旧設備等
の除却や建物の解体に係る費用のほか、「これから新しく建設す
る工場を将来に解体する際に、法令や契約に基づいて不可避的に生じる債務
に関しては、新工場稼働時点の貸借対照表に負債として計上するとともに、
固定資産取得価額に同額上乗せ計上し、固定資産の利用期間にわたり費用配
分する必要がある」と言われています。

　しかし、工場を建設した段階では、工場を閉鎖する時期は遠い将来であ
り、具体的に時期を特定することすらできないのに、新しい工場の閉鎖に伴
う費用を具体的に見込むことは困難です。また、このような遠い将来の見積
費用を投資回収計画に織り込むことは、投資の意思決定に対してマイナスの
影響になると考えます。したがって、これらの費用は実際に工場を解体する
時点において、正確な金額に基づき一括計上すべきではないかと考えていま
す。

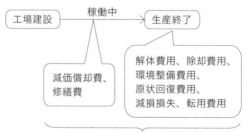

どこまでの費用を投資回収計画に織り込むのか

アドバイス

　　　工場を建設することを決定したときに、当該工場を閉鎖するとき
のことまで考えるのはなかなか難しいかもしれません。しかし、ど
のような設備投資であっても長い目でみれば、いつかは終了するこ
とを考えなくてはなりません。また、終了に伴う工場の解体コストにはさまざ
まなものが想定されます。例えば、法令で定められているアスベストや PCB・
土壌汚染等の撤去処分費用のほか、借地に工場を建設しているのであれば、契

約に基づく原状回復義務を履行する費用も生じます。これらの法令や契約で求められるコストは自社の意思決定次第で逃れることができるものではなく、不可避的に生じるコストです。したがって、新工場建設の意思決定を行うにあたっては、これらの不可避的なコストを織り込んで検討する必要があり、また、この実態を財務諸表に反映させて、隠れ債務を顕在化することによって投資家への情報としての有用性も高まると考えます。

経営戦略と会計制度のつながり

　企業の将来の資金負担を現在の財務諸表に反映させることは投資情報として有用です。この点、固定資産は、その投資規模が大きくなるケースが多く、投資開始時点のコストのみならず、投資終了時点、すなわち、当該固定資産を除却する時点の種々のコストも企業にとって大きな負担となることが考えられます。

　しかし、その時期や方法も具体的に決定していない中で、固定資産の除却に係るすべてのコストを使用開始時点で考慮することは現実的ではなく、また、法令や契約による拘束力のない自らの意思決定次第で回避できるコストは、会計上の「債務」には該当しません。そこで、法令や契約等で撤退時に必ず発生することが見込まれる除却コストのみを考慮することによって、不可避的に生じる将来の債務を財務諸表に表現することとされています。

　具体的には、工場を建設し投資採算を検討していくうえで、工場投資総額に当該除却コストを加え、減価償却費を通じて投資回収を図ります。有形固定資産の取得等に付随して不可避的に生じる将来の債務を取得原価に含めることは、当該有形固定資産への投資について回収すべき額が増えることを意味します。毎年のキャッシュ・イン・フローから増加した減価償却費を控除した金額がプラスになっていれば、投資終了時点のコストまでを考慮した投資総額の回収がうまくいっていることを意味します。また、そのキャッシュ・アウトを伴わない減価償却費によって確保されたキャッシュを財源と

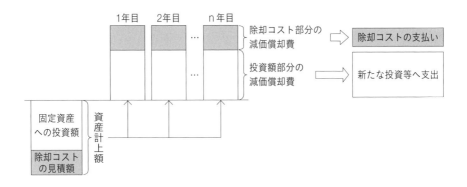

して、新たな投資や除却コストの支払いに利用することができます。

このように有形固定資産を使用した後に、当該固定資産を除去する局面で生じる法令または契約で要求される除却コストに対する将来の負担を、現時点の財務諸表に「資産除去債務」として負債科目に計上します。こうした除却コストを財務諸表に反映することは、投資家への有用な情報提供となり、財政状態の健全化や企業価値向上の一端を担うことになると考えます。

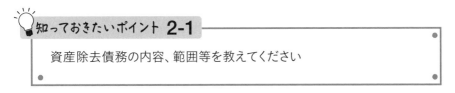

資産除去債務の内容、範囲等を教えてください

「資産除去債務」とは、有形固定資産の取得、建設、開発または通常の使用によって生じ、当該有形固定資産の除去に関して法令または契約で要求される法律上の義務およびそれに準ずるものをいいます（資産除去債務会計基準3項(1)）。

資産除去債務の対象となる有形固定資産の範囲は、財務諸表における有形固定資産（建物、機械など）に加え、建設仮勘定やリース資産、投資不動産も含めて考えることになります（資産除去債務会計基準23項）。また、有形固定資産の使用後の売却、廃棄、リサイクルその他の方法による処分等に基づく除却コストを投資時に検討するものであり、当該有形固定資産の使用期

間中に修繕するコストを投資時に検討するものではありません（資産除去債務会計基準24項、25項）。加えて、当該有形固定資産を当初の目的どおりに稼働することを前提としているため、本来の目的と異なる使用方法等の異常な原因によって発生したコストは使用期間にわたって費用配分すべきものではないことから対象としていません（資産除去債務会計基準26項）。

なお、「法律上の義務およびそれに準ずるもの」には、有形固定資産を除去する義務のほか、有形固定資産の除去そのものは義務でなくとも、有形固定資産を除去する際に当該有形固定資産に使用されている有害物質等を法律等の要求による特別の方法で除去するという義務も含まれます（資産除去債務会計基準3項（1））。例えば、有形固定資産の除去時に適切な処理が要求されている次の項目について検討することになります。

①「石綿障害予防規則」によるアスベスト
②「ポリ塩化ビフェニル廃棄物の適正な処理の推進に関する特別措置法」によるPCB
③「特定製品に係るフロン類の回収及び破壊の実施の確報等に関する法律」によるフロン類

知っておきたいポイント 2-2

資産除去債務の会計処理を教えてください

将来（除却時点n年目）に生じると見積もった除却コストの割引現在価値（後述の 知っておきたいポイント 2-5 参照）を算定し、それを投資時点の有形固定資産に含めて計上するとともに、同額を資産除去債務として負債に計上します。そして、有形固定資産に含められた除却コストは、減価償却計算を通じて毎期の費用として処理します。また、負債に計上した資産除去債務は、割引計算（後述の 知っておきたいポイント 2-6 参照）において調整した利息相当額を毎期利息費用として計上することによって増加します。

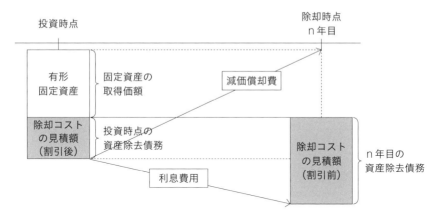

　投資時に有形固定資産に含めて計上した除却コスト（資産）は、減価償却費として費用処理するため、毎期、減額していきます。一方で、投資時に計上した資産除去債務（負債）は、資金支出のない利息費用が追加計上されるため、毎期、増額していきます。

	借方		借方	
取得時の計上	固定資産（取得価額分）	××	現預金	××
	固定資産（割引後除却コスト分）	××	資産除去債務	××
取得後の処理	減価償却費（取得価額分＋除去コスト分）	××	減価償却累計額	××
	利息費用（除却コスト分）	××	資産除去債務	××

具体的な仕訳例は コラム⟩② をご参照ください。

 知っておきたいポイント **2-3**

　工場を閉鎖する時期がわからない場合は資産除去債務を計上しなくてもよいでしょうか

　工場を建設する時に、将来の閉鎖時期は明確にはわからないのが通常で

す。しかし、工場閉鎖時に必ず発生する除却コスト等を将来の発生時の一時損失とするのではなく、工場への投資の一部と考え、使用期間にわたって回収していくことが経営的には重要となります。そのため、工場が稼働しはじめた時に将来の除却コストである資産除去債務を見積もることが原則となりますが、あらゆる情報を集めても除却時期を特定できない場合は、資産除去債務を計上しないことができると考えられます（資産除去債務会計基準5項）。しかし、有形固定資産の償却計算に用いる経済的耐用年数到来時には、当該固定資産を除却して再投資する可能性がありますので、経済的耐用年数到来時を除却時期として考えることもできます。

知っておきたいポイント **2-4**

> 将来の除却コストを資産に計上し、その支払いに対応する資産除去債務を負債に計上していますが、なぜ資産と負債を両建て計上するのでしょうか

以前の会計実務においては、有形固定資産の耐用年数到来時に解体、撤去、処分等の除去コストが生じる場合、これを残存価額に反映し、取得原価の範囲内で減価償却を通じて費用化してきました。しかしながら、残存価額がマイナスとなってしまうほどの除却コストを計算に織り込むことは想定されていませんでした。その場合は、引当金として処理することが考えられましたが、計上する必要があるかどうかの判断基準や、将来において発生する金額の合理的な見積方法が明確ではなかったため、実務的にはあまり行われませんでした。

そこで、除却コストに関しては残存価額にとらわれずに見積りを可能とするために資産計上することとし、対応する債務を資産除去債務として計上要件や見積方法を示し負債に計上することになりました。

除却コストを資産計上するための「割引現在価値」とは何ですか

　キャッシュを支出する場合、将来にキャッシュ・アウトするのと、今すぐキャッシュ・アウトするのとでは価値が異なると言われています。なぜなら、現在持っているキャッシュは、そのまま持ち続けることによって利息が付き、その価値が増加していくと考えられるからです。

　資産除去債務は、有形固定資産を取得時点において、将来の除去時点で支出するキャッシュ・フロー（割引前将来キャッシュ・フロー）を見積り、それを取得時点の価値に算定しなおした金額を計上します。すなわち、取得時点から除却時点までの時の経過とともに生じる利息による増加分を将来キャッシュ・フローから取り除くために、除却時点の将来キャッシュ・フローを当該利率で割引計算を行い取得時点の価値を算定します。このように算定された価値を「割引現在価値」と言います。

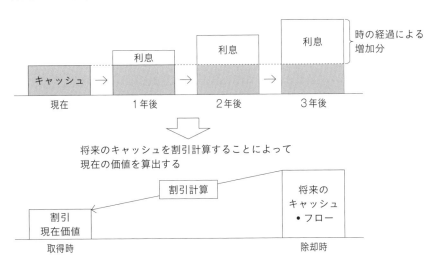

知っておきたいポイント 2-6

割引現在価値を算出する割引前将来キャッシュ・フローと割引率について教えてください

　資産除去債務は将来発生するであろう支出の見積りであることから、実際の支払い時には見積値から乖離するリスクが生じますが、それは将来の除却コスト（割引前将来キャッシュ・フロー）の見積りにおいて発生確率として反映されています（資産除去債務会計基準6項（1）、資産除去債務適用指針5項）。したがって、資産除去債務の算定に際して用いられる割引率は、資産の時間価値を反映した無リスクの税引前の利率（将来キャッシュ・フローが発生するまでの期間に対応した利付国債の流通利回りなど）を用います（資産除去債務会計基準6項（2）、資産除去債務適用指針5項）。これは、割引前将来キャッシュ・フローの見積りには、企業の信用リスクが含まれず、また、税引前で算定されていることと整合させています（資産除去債務会計基準40項）。

　また、固定資産の取得以降、無リスクの国債利回りが変動した場合に、割引率を見直すかどうかが問題となりますが、資産除去債務は原則として割引率を当初認識時から変更させません（資産除去債務会計基準49項）。

　一方で、将来の除却コスト（割引前将来キャッシュ・フロー）の見積りに重要な変更が生じたとき、当該除却コストが増加する場合には、増加部分を新たな負債の発生と同様に捉え、その時点の割引率を用いますが、当該除却コストが減少する場合には、負債計上時の割引率を用います（資産除去債務会計基準11項、55項）。

知っておきたいポイント **2-7**

資産除去債務に関して財務諸表で開示するものは何ですか

　資産除去債務に関して、重要性が乏しい場合を除き、次の事項を注記します（資産除去債務会計基準 16 項）。

- 資産除去債務の内容についての簡潔な説明
- 支出発生までの見込期間、適用した割引率等の前提条件
- 資産除去債務の総額の期中における増減内容
- 資産除去債務の見積りを変更したときは、その変更の概要及び影響額
- 資産除去債務は発生しているが、その債務を合理的に見積ることができないため、貸借対照表に資産除去債務を計上していない場合には、当該資産除去債務の概要、合理的に見積ることができない旨及びその理由

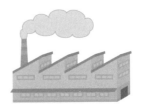

コラム▶② 資産除去債務の計算例

- ×1年に固定資産を 10,000 で購入
- 法的義務のある将来の除却コストを 1,000 と見積もる
- 固定資産の耐用年数は 5 年、減価償却方法は定額法
- ×5年に除却コスト 1,000 を支払う
- 割引率を 3% とする

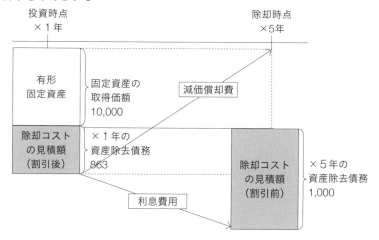

年度	借方		貸方	
×1年取得時	固定資産	10,000	現預金	10,000
資産除去債務	固定資産	863	資産除去債務	※1 863
減価償却	減価償却費	2,173	減価償却累計額	※2 2,173
利息費用	利息費用	※3 26	資産除去債務	26
×2年	減価償却費	2,173	減価償却累計額	2,173
	利息費用	※4 27	資産除去債務	27
×3年	減価償却費	2,173	減価償却累計額	2,173
	利息費用	※5 27	資産除去債務	27
×4年	減価償却費	2,173	減価償却累計額	2,173
	利息費用	※6 28	資産除去債務	28
×5年	減価償却費	※8 2,171	減価償却累計額	2,171
	利息費用	※7 29	資産除去債務	29
除却コスト支払	資産除去債務	1,000	現預金	1,000

※1：資産除去債務の現在割引価値：$1,000 \div (1.03)^5 = 863$
※2：減価償却費：$(10,000 + 863) \div 5年 = 2,173$
※3：1年目の利息費用：$863 \times 3\% = 26$
※4：2年目の利息費用：$(863 + 26) = 889,\ 889 \times 3\% = 27$
※5：3年目の利息費用：$(889 + 27) = 916,\ 916 \times 3\% = 27$
※6：4年目の利息費用：$(916 + 27) = 943,\ 943 \times 3\% = 28$
※7：5年目の利息費用：$(943 + 28) = 971,\ 971 \times 3\% = 29$
※8：減価償却費：$(10,000 + 863) - 2,173 \times 4年 = 2,171$

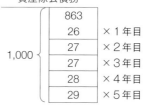

固定資産

（借方）	（貸方）	
取得価額 10,000	2,173	×1年目
	2,173	×2年目
	2,173	×3年目
割引除却コスト 863	2,173	×4年目
	2,171	×5年目

↑ 取得費用　　↑ 減価償却費

資産除去債務

	863	
	26	×1年目
1,000	27	×2年目
	27	×3年目
	28	×4年目
	29	×5年目

2

研究開発費の回収方法

背　景

　　当社の取引先に自動車メーカーであるA社とB社があります。両社とともに急発進抑制や前方の安全認識など安全性の高い自動車を開発し、ゆくゆくは自動走行する自動車を実現するために多額の研究開発費を投じています。A社は製品を販売するまでの研究開発に要したコストをすべて資産として計上し、数年後に電気自動車が完成し販売した時に販売台数に基づいて売上原価に計上しました。

　　一方、B社では当該自動車の研究開発に要したコストは発生した期の費用として計上しました。その結果、B社は当該研究開発期間の数年間はほとんど利益が計上できず、時には営業損失となる決算期もありました。しかし、両社が安全性の高い自動車を販売すると、A社とB社では当該自動車の売上原価に差が生じています。すなわち、A社が販売した自動車の売上原価には、資産計上していた研究開発費の償却額が含まれているのに対して、B社が販売した自動車の売上原価には研究開発費相当額が含まれていません。安全性の高い自動車を開発するためには膨大な費用がかかり、その会計処理が異なっていたことから、A社とB社の売上原価には大幅な差が生じていて、仮に両社が同じ価格で販売したとすると、A社では赤字が生じB社では黒字となる可能性があります。

　　このように研究開発費をどのように処理するかは、単なる会計上の問題だけではなく、製品の販売価格の設定などの事業戦略に大きく影響することになるので、当社の中でも議論になっています。

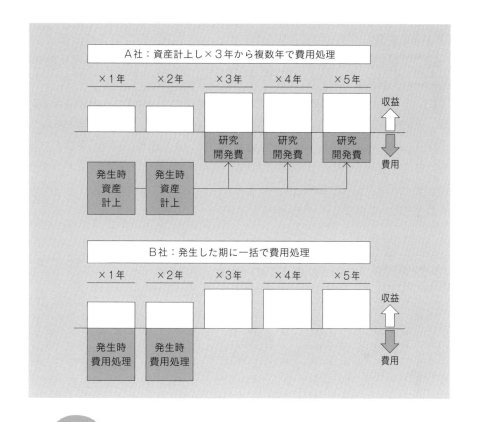

経営者の疑問

研究開発により創出された新たな製品は、今後何年にもわたって当社の収益に貢献すると予想されます。そのため、経営者としては発生した研究開発費を資産に計上し、その開発製品を販売する複数年にわたり償却することによって、当該開発製品の販売収益で回収することが適正と考えています。しかし、経理部では、研究開発費は発生時の費用処理であると主張していますが、それでは収益獲得前に多額の費用が計上され、その時点の販売製品に将来製品の開発費用を負担させていることになり、企業の業績を投資家等に適切に説明できないのではないでしょうか。

アドバイス

研究開発費はすべて発生時の費用として処理しなければならず、原則として資産に計上することはできません。

収益と費用の対応を考えると、貴社のような判断も考えられますが、研究開発活動は長期にわたりその成果を見通すことは非常に困難であることから、結果的に商品化されなかった場合には、繰り延べた研究開発費をその期に費用化することになり合理的ではないと考えられます。したがって、発生時に費用処理する方法を会計基準に定めることによって、企業間の比較可能性を担保することになると考えられています。

経営戦略と会計制度のつながり

企業の研究開発活動は、企業の将来の収益性を左右する重要な行為であり、企業は将来の成長のために新製品やサービスの調査、新たな製造方法の探究を行います。近年では製品ライフサイクルの短縮化や研究の広範化・高度化などにより、研究開発への投資は多額となっています。そのため、研究開発の総額や内容等の情報は、将来の企業の収益性を判断するにあたり非常に重要な投資情報となっています。

このように多額で重要な情報となっている研究開発費を、支出時の費用とする処理と、資産計上して将来の開発製品の収益に対応させる処理を任意に選択可能にすると、企業間の比較可能性を確保することができなくなることから適当ではないと考えられます（研究開発費等意見書二）。

また、研究開発活動は、その成否を判断するには相当の期間を要し、たとえ研究開発計画が進行し、将来の収益の獲得期待が高まったとしても、依然としてその収益獲得が確実であるとはいえないものです。研究開発活動は、成功すると将来の企業の収益に大きく貢献するものの、コストバランス、市場の規模、市場のニーズに合致したものが商品化されるかは不透明でもあります。したがって、研究開発費は、将来収益獲得のための資産としては不確

実性が高いことから貸借対照表に計上することは適切ではないと考えられました。

さらに、仮に一定の要件を満たすものについて資産計上を強制するように定めた場合には、当該要件を実務上客観的に判断可能なものとして定めなければなりませんが、それは実務的に非常に困難であり、結果的に抽象的な要件のもとで資産計上を認めることとなった場合には、企業間の比較可能性が損なわれるおそれがあると考えます（研究開発費等意見書三2）。

したがって、会計基準では原則として研究開発費はすべて発生時の費用として処理することになりました。

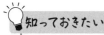

知っておきたいポイント 2-8

研究開発とは具体的にどのような活動でしょうか

(1) 研究開発の定義

研究開発の定義は、研究開発費の範囲と直接結びついています。そこで、研究開発費に関する内外企業間の比較可能性を担保するため、諸外国における定義を参考にするとともに、わが国の企業が実務慣行上、研究開発として認識している範囲等を考慮しつつ、会計基準において次のように定義されました（研究開発費等意見書三1）。

	定義
研究	新しい知識の発見を目的とした計画的な調査および探求
開発	新しい製品・サービス・生産方法についての計画もしくは設計または既存の製品等を著しく改良するための計画もしくは設計として、研究の成果その他の知識を具体化すること

なお、研究開発費には、人件費、原材料費、固定資産の減価償却費および間接費の配賦額等、研究開発のために使われたすべての原価が含まれます（研究開発費等会計基準二）。

(2) 研究開発活動の典型例

　研究開発の範囲については、活動の内容が実質的に研究・開発活動であるか否かにより判断されます。例えば、従来の製造現場では製造していないまったく新しいものを生み出すための調査・探究活動や現在製造している製品の「著しい改良」は研究開発の範囲と考えられます。それが、製造現場で行われる改良研究であっても、明確なプロジェクトとして行われている場合には、「著しい改良」に該当し研究開発活動と考えられます（研究開発費等意見書三1）。

　研究・開発の典型例として、会計基準に次のものがあげられています（研究開発費等実務指針2項）。

---

①従来にはない製品、サービスに関する発想を導き出すための調査・探求
②新しい知識の調査・探求の結果を受け、製品化、業務化等を行うための活動
③従来の製品に比較して著しい違いを作り出す製造方法の具体化
④従来と異なる原材料の使用方法または部品の製造方法の具体化
⑤既存の製品、部品に係る従来と異なる使用方法の具体化
⑥工具、治具、金型等について、従来と異なる使用方法の具体化
⑦新製品の試作品の設計・製作および実験
⑧商業生産化するために行うパイロットプラントの設計、建設等の計画
⑨取得した特許をもとにして販売可能な製品を製造するための技術的活動

　特定の研究開発目的にのみ使用され、他の目的に使用できない機械装置や特許権等を取得した場合の原価は、取得時の研究開発費となります。一方で、ある特定の研究開発目的に使用された機械装置等が、後に他の目的に使用できる場合には、機械装置等として資産計上し、減価償却費を研究開発費として処理することになります（研究開発費等Q&A6）

(3) 研究開発活動に含まれない典型例

　現在製造している製品に著しいと判断できない改良や改善などを行う活動は、研究開発には該当しないことになります。例えば、製造現場で行われる品質管理活動やクレーム処理のための活動は、「著しい改良」に該当せず、研究開発に含まれないと考えます。

　研究・開発に含まれない典型例として、会計基準に次のものがあげられています（研究開発費等実務指針26項）。

①製品を量産化するための試作
②品質管理活動や完成品の製品検査に関する活動
③仕損品の手直し、再加工など
④製品の品質改良、製造工程における改善活動
⑤既存製品の不具合などの修正に係る設計変更および仕様変更
⑥客先の要望等による設計変更や仕様変更
⑦通常の製造工程の維持活動
⑧機械設備の移転や製造ラインの変更
⑨特許権や実用新案権の出願などの費用
⑩外国などからの技術導入により製品を製造することに関する活動

知っておきたいポイント 2-9

　一定の要件を満たすものは、研究開発の開始当初から資産計上することができますか

　研究開発活動は、前述（知っておきたいポイント 2-8 (2)）のように典型例は示されているものの、具体的には広範囲に及ぶことが考えられます。したがって、研究開発費を資産計上するための要件を実務上客観的に判断できるように規定するのは困難であり、抽象的な要件のもとでは、同じような条件での研究開発が資産計上されたりされなかったりすることが考えられ、企業

間の比較可能性が損なわれるおそれがあります。そのため、研究開発費は発生時の費用として処理することが求められます（研究開発費意見書三2）。

　一方、ソフトウェアの制作費は、自社で制作するか外部から購入するかの取得形態によるのではなく制作目的別に会計処理を設定しています。したがって、購入・委託したソフトウェアを加工することにより、目的の機能を有するソフトウェアを完成させる場合、当該購入・委託に要した費用は研究開発目的、販売目的、自社利用目的などの制作目的に応じて、次のように処理することになります（研究開発費会計基準の設定意見書三3）。

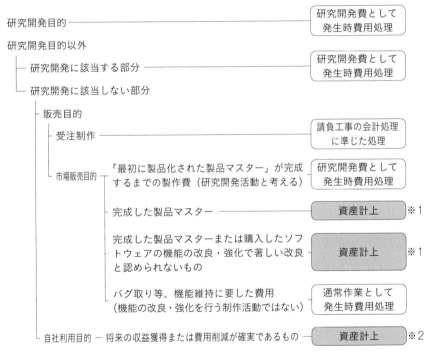

※1：製品マスターは、それ自体が販売の対象物ではなく機械装置等と同様にこれを利用（複写）して製品を作成すること、製品マスターは法的権利（著作権）を有していることおよび適正な原価計算により取得原価を明確化できることから資産計上する。
※2：自社利用することによって将来の収益獲得または費用削減が確実である場合は、将来の収益との対応等の観点から資産計上し、その利用期間にわたり償却を行う。

知っておきたいポイント 2-10

研究開発が進行し収益の獲得期待が高まった場合には資産計上することができますか

研究開発費は、発生時には当該研究開発が成功して将来収益を獲得できるかどうかは不明であり、また、研究開発計画が進行し将来収益の獲得期待が高まったとしても、依然として研究開発の結果は不透明であり収益獲得が確実であるとは言えないため、将来収益を獲得するための資産への計上は認められず、発生時の費用として処理しなければなりません（研究開発費意見書三2）。

保守的な経営者からすれば、複数年にわたって支出する研究開発費を資産計上により繰り延べて、研究開発が成功して商品化・販売によって獲得する将来の収益に対応させて費用化することが適切であると考え、万が一当該研究開発が失敗した場合には、その時点で一括費用処理すればいいのではないかと主張します。しかしその場合には、研究開発の結果が出るまで将来収益が獲得できるかどうか不確実な資産を保有することとなり、資産効率（総資産利益率＝ROA）が悪くなり、また、当該研究開発が失敗した時に一括費用処理すると、その間、常に隠れ損失を保有しているとも考えられ、さらに研究開発の失敗の判断に恣意性が入り費用化のタイミングが遅れるおそれもあり、対外的な企業イメージも悪化するものと考えます。そのような観点からも発生時に費用処理することには意義があると考えます。

知っておきたいポイント 2-11

繰延資産の中に「開発費」がありますが、それは資産計上してもよいのでしょうか

研究開発費はすべて発生時に費用処理することが求められている一方、財

務諸表等規則 36 条においては、繰延資産の範囲の中に「開発費」の科目名が掲げられています。それぞれの規定に基づき「開発費」の定義を比較してみます。

基準	定義
研究開発費等会計基準	新しい製品・サービス・生産方法についての計画もしくは設計または既存の製品等を著しく改良するための計画もしくは設計として、研究の成果その他の知識を具体化すること
財務諸表等規則	①新技術または新経営組織の採用、資源の開発、市場の開拓などのため支出した費用 ②生産能率の向上または生産計画の変更等により、設備の大規模な配置替えを行った場合の費用

　上表のように、財務諸表等規則における「開発費」は、「新技術・新経営組織の採用や資源の開発、市場の開拓」まで含む広い範囲の内容であることから、研究開発費等会計基準による定義の範囲を超える費用が発生することが想定されます。したがって、それらの費用を計上する場合の計上区分として「繰延資産」を明示したものと考えますので、研究開発費等会計基準に定義された活動は、発生時に費用処理することになります（研究開発費等実務指針 27 項）。

知っておきたいポイント 2-12

研究開発費を当期製造費用に算入することができますか

　研究開発費は、新製品の計画・設計または既存製品の著しい改良等のために発生する費用であり、一般的には原価性がないと考えられるため、原則として一般管理費として計上します。

　研究開発費は将来の製品に対する投資であり、会社の政策や研究開発内容によってその額は大きく増減します。そのため、研究開発費を製造費用ではなく、原則として一般管理費に計上することによって、当該研究開発費がそ

の期の製品の製造原価に与える影響を避けることができ、既存製品の販売価格の設定や収益性の判断を適切に行うことが可能となります。

　ただし、製造現場において研究開発活動が行われ、かつ、当該研究開発に要した費用を一括して製造現場で発生する原価に含めて計上している場合には、当期製造費用に算入することが認められています。例えば、工場の製造ラインに研究開発の要員が常駐し、製造過程において絶えず新製品に結びつく要素に係る研究開発を行っている場合には、当該研究開発に係る費用のみを集計することが困難であることから、他の原価項目と同様に当期製造費用に算入することが認められています。

　この場合、費用処理すべき研究開発費が製造原価に算入されることによって、そのほとんどが期末仕掛品等として資産計上され、結果として資産計上を認めたものと同様の状況になるのを防止するために、当期製造費用に算入する研究開発費の内容を十分に検討してその範囲を明確にすることが必要です。したがって、製造現場で発生していても製造原価に含めることが不合理であると認められる研究開発費については、当期製造費用に算入してはならない点に留意することが必要となります（研究開発費等実務指針4項、研究開発費等Q＆A5）。

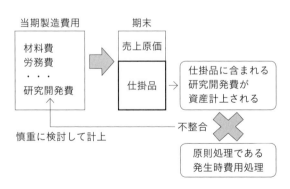

知っておきたいポイント **2-13**

外部に研究開発を委託した場合の費用はどのように処理するのでしょうか

　研究開発費はすべて発生時に費用処理しなければならないので、例えば、外部に研究開発を委託した場合、一般的に委託研究の成果は委託者に帰属するものと考えられるため、委託者側では委託研究に係る費用はすべて発生時に費用処理することになります。一方で、契約金等は前渡金として処理することになると考えられます。

　ここで、「発生」の時点をどのように捉えるかについては、例えば、委託先と締結した業務委託契約等に基づき、委託した研究開発の内容について検収等（役務の提供を受けたことが確定）を行い、利用可能になった時点で費用として処理します（研究開発費等 Q & A2）。また、1つの研究開発テーマであっても中間報告もしくはフェーズごとの完了報告を受ける場合などは、その時点で役務の提供を受けた（発生した）として、そこまでの費用を研究開発費として計上することも考えられますので、契約内容と会計処理の整合性に留意が必要です。

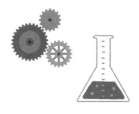

コラム〉③ 研究開発費の注記

　当年度の一般管理費および当期製造費用に含まれる研究開発費の総額を財務諸表に注記します。これは研究開発の総額は企業の経営方針や将来の収益予測に関する重要な投資情報として非常に有用であることから、その規模について企業間の比較可能性を担保するためです（研究開発費等実務指針 4 項）。

　また、研究体制や研究成果などの研究開発活動に関する情報は、有価証券報告書等の事業の概況に記載します。その場合、画一的な記載ではなく、各企業において自発的・積極的に開示することが求められています（研究開発費等意見書四 2）。

有価証券報告書における開示例（事業の状況【研究開発活動】）

　当社グループは高度情報化社会に対応していくため、○○の研究開発を進めております。

　当連結会計年度における事業別の研究の目的、成果及び研究開発費は次のとおりであります。なお、当連結会計年度の研究開発費の総額は××百万円であります。

(1) 通信機器

　・・・・・・・・・・・・・・・・・・・・・・・・・・・・・・・・・・・

　通信機器に係る研究開発費は××百万円であります。

(2) 計測・情報機器

　・・・・・・・・・・・・・・・・・・・・・・・・・・・・・・・・・・・

　計測・情報機器に係る研究開発費は××百万円であります。

(3) 産業機器

　・・・・・・・・・・・・・・・・・・・・・・・・・・・・・・・・・・・

　産業機器に係る研究開発費は××百万円であります。

(4) その他

　・・・・・・・・・・・・・・・・・・・・・・・・・・・・・・・・・・・

　その他に係る研究開発費は××百万円であります。

3

さまざまな状況の子会社で構成されているグループ会社のマネジメント

背 景

　当社は、複数の子会社を有する親会社です。子会社には、出資比率の高い会社や低い会社、規模の大きい会社や小さい会社、親会社の事業との関係が深い会社や浅い会社、業績の良い会社や悪い会社などさまざまな会社が存在しています。

　これらの多様なグループ会社をどのようにコントロールしていくのか、また、グループの実態をどのようにして適切に株主や投資家に説明していくのかを検討しており、そのため、連結財務諸表を作成するにあたっては、規模の大小や事業内容の違う子会社の業績をどこまで含めて開示するのが妥当なのか悩んでいます。特に、出資比率は高いものの規模の小さい会社を連結財務諸表に含めると、親会社として子会社の会計情報等を細かく管理するのに手間がかかるし、子会社自身にも管理コストがかかり、小さい利益に対しての費用効率が悪いと考えています。また、親会社の事業との関係が浅く業績が悪い会社をグループ業績に含めると、グループの実態が損なわれることにならないか気がかりです。

　多種多様な会社を有する当社グループの実態を株主や投資家に対して適切に説明することが求められることから、これらを総合的に考え、子会社への投資効果やグループ会社間のシナジー効果を適切に把握し、グループ全体を効率よくマネジメントしていくことを検討しています。

経営者の疑問

グループの子会社を自社と同じようにマネジメントすることは難しいので、マネジメント権限を各グループ会社へ任せ、定期的に報告を受けることで企業グループ全体をマネジメントしようと考えています。また、どの子会社や関連会社の財務諸表を連結財務諸表に含めるのか、また、連結財務諸表に含める場合、連結処理とするのか持分法処理とするのかなどによって連結グループの業績に対する株主や投資家の見方が変わります。企業として、規模や業種が違う子会社等をどのように連結範囲に含めるのか、また、どのように会計処理するのかという連結グループ方針の選択にどの程度の自由度があるのでしょうか。

アドバイス

新たに会社を設立したり買収したりして連結子会社とした場合、単にその子会社から業績動向の報告を受けるだけでは会社設立や買収に投資した効果を十分に発揮しているとはいえません。企業グループ内のシナジー効果としての生産効率、販売効率など、グループ全体としての業績動向を把握することによって将来の業績予想にどのような影響を及ぼすのかを検討する必要があります。したがって、グループ各社を自社と同じようにマネジメントするためには、マネジメント権限を各グループ会社へ任せてしまうのではなく、企業グループ全体をあたかも1つの会社のように捉えてマネジメントする必要があります。

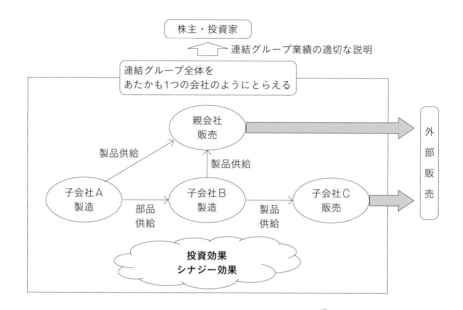

経営戦略と会計制度のつながり

　グループ会社を1つの会社のように捉えてグループマネジメントを行うためには、自社の財務諸表にグループ会社の財務諸表を含めた連結財務諸表を作成し管理する必要があります。連結財務諸表は、企業グループをあたかも1つの会社のようにするために、親会社の財務諸表に子会社の財務諸表を合算してからグループ内取引やそれに基づく損益、債権債務を消去して作成します。投資先である子会社や関連会社の事業活動が企業グループ全体にもたらした効果は、この連結財務諸表における連結業績によって適時に把握することができます。例えば、連結財務諸表を作成しない場合、子会社等への投資の効果は親会社が受け取る配当金などを通じて把握されることになりますが、グループ内取引の影響が自社の業績から排除されていないため、グループ内部への売上高や利益が含まれてしまい、経営上の意思決定や投資家の投資判断をミスリードしてしまう可能性があります。

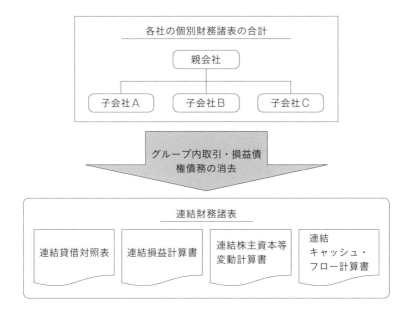

したがって、効果的なグループマネジメントを行うためには、すべてのグループ会社を含めた連結財務諸表を作成することが効果的です。その中で、どこまでのグループ会社を連結財務諸表に含めるのか、また、連結適用か持分法適用にするのかなどの「連結の範囲」の考え方は会計基準として定められており、企業グループはその会計基準に基づいて連結業績を開示することによって投資家等は企業グループの実態を把握することができ、また、企業グループ間比較が可能となります。

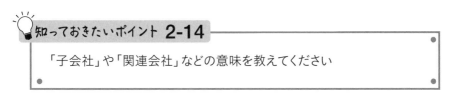

知っておきたいポイント **2-14**

「子会社」や「関連会社」などの意味を教えてください

(1)「親会社」「子会社」とは

財務および営業または事業の方針を決定する意思決定機関を、支配してい

る会社を「親会社」、支配されている会社を「子会社」と言います。具体的には、議決権の50%超を所有している会社が「親会社」であり、所有されている会社が「子会社」です（財規8条3項）。

(2)「その他の関係会社」「関連会社」とは

出資、人事、資金、技術、取引等の関係を通じて、財務および営業または事業の方針を決定する意思決定機関に対して、重要な影響を与えている会社を「その他の関係会社」、重要な影響を受けている会社を「関連会社」（財規8条5項）といいます。具体的には、自社の議決権の20%超を所有している会社が自社にとって「その他の関係会社」であり、自社が議決権の20%超を所有している会社が「関連会社」です。

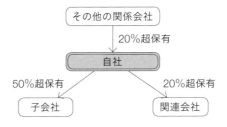

(3) 連結範囲に関する重要性の基準とは

原則として、すべての子会社および関連会社は連結範囲に含めます（連結会計基準13項、持分法会計基準6項）。一方で、一定の重要性の基準を下回る会社については連結の範囲に含めなくてもよいこととされています。その場合の重要性の基準としては、子会社の資産、売上高等に照らし、同社を連結の範囲から除いても企業グループの財政状態、経営成績およびキャッシュ・フローの状況に対する判断に影響を与えない程度に重要性の乏しい場合となります。具体的には、連結グループにおいて中・長期の経営戦略上の重要な子会社であるなどの質的な影響（連結範囲の重要性4-2項（2））と総資産、売上高、当期純利益および利益剰余金の4項目に与える金額的な影響（連結範囲の重要性3項、4項）を勘案して判断します。

同じように関連会社についても、質的な影響と当期純利益および利益剰余金に与える金額的な影響を勘案して判断します（連結範囲の重要性5項）。

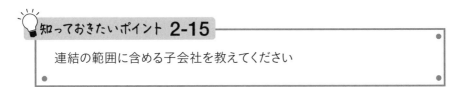

知っておきたいポイント **2-15**

連結の範囲に含める子会社を教えてください

親会社が意思決定機関を支配している会社を子会社として、原則連結の範囲に含めます。意思決定機関を支配している状況とは、自社の支店や工場のように親会社が子会社の活動を自由にコントロールできる状況であり、企業グループをあたかも1つの会社として考えた場合、子会社が支店や工場のように機能している状況をいいます。例えば、その会社の議決権の50%超を保有している場合が該当しますが、議決権の50%超を保有していなくても実質的にその会社の事業運営をコントロールできる状況にあれば意思決定機関を支配していると考えます。

知っておきたいポイント **2-16**

連結の範囲に含める時期または除外する時期は、自由に決定することができますか

子会社等を連結の範囲に含める時期は、原則として企業結合日（子会社を設立した日や株式を取得した日）を含む会計年度（四半期会計期間を含む）となります。また、子会社等を連結の範囲から除外する時期は、原則として子会社に対する支配を解消した日、例えば子会社の株式を売却した日を含む会計年度（四半期会計期間を含む）です。

子会社等を連結に含める時期または除外する時期を自由に決定すると、連結業績を恣意的に操作できることになり、投資家等のミスリードを招くばかりではなく、経営者にとっても投資効果の把握や企業グループの管理を誤ら

せてしまう可能性がありますので、それらの時期は会計基準に基づいて客観的に判断することが重要です。

知っておきたいポイント 2-17

子会社の業績に応じて連結の範囲を変更できますか

業績の良い子会社を連結の範囲に含め、業績の悪い子会社を連結の範囲に含めなければ連結業績は良くなりますが、そのような連結財務諸表は企業グループの実態をまったく反映していない情報となります。したがって、子会社の業績の良し悪しにかかわらず、すべての子会社を連結の範囲に含めることが原則です（連結会計基準13項）。

特に業績の悪い子会社を連結の範囲に含めることによって、当該子会社が企業グループ全体に与える悪影響について連結業績を通じて把握でき、リスクのある子会社を早期に認識することによって、早いタイミングで経営上の対応ができます。

知っておきたいポイント 2-18

小規模子会社もすべて連結の範囲に含めなければいけないですか

連結の範囲に含めても含めなくても連結業績がほとんどかわらず、経営的意思決定に影響を与えないような小規模子会社であれば、連結作業の手間と投資家等への影響のバランスを考慮して連結の範囲に含めないことができます（連結会計基準 注3）。この判断は、当該子会社の総資産、利益剰余金、売上高、当期純利益などの財務指標が連結財務諸表における割合（重要性の基準）に着目して、企業グループの財政状態や経営成績、キャッシュ・フローの状況に重要な影響を与えるかどうかによって行います（連結範囲の重要性4項）。

知っておきたいポイント **2-19**

清算予定の会社や売却予定の会社も連結の範囲に含めるのですか

　清算予定の会社や売却予定の会社であっても、当該会社を支配している間は連結の範囲に含めることになります。ただし、支配が一時的な子会社を連結の範囲に含めると、例えば、前期は連結に含まれていないが、当期は含まれていて、また翌期には含まれないなど、短期間のみ連結業績に影響を与えるため、長期的な意思決定に対してミスリードする可能性があります。したがって、支配が一時的と認められる会社については連結の範囲に含めません（連結会計基準 14 項）。

連結範囲	対象会社
含めないことができる	①連結の範囲から除いても企業集団の状況に関する合理的な判断を妨げない程度に重要性の乏しい小規模会社
含めない	①支配が一時的と認められる企業 ②連結することにより、利害関係者の判断を著しく誤らせるおそれのある企業

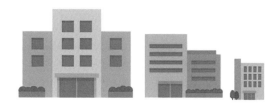

（コラム〉④）**連結財務諸表の作成方法**

　親会社と子会社間の内部取引がある場合の連結財務諸表を作成します。

〈前提条件〉
- 親会社は子会社を資本金 100、出資比率 100％で設立した。
- 子会社は親会社へ製品を年間で 1,000 販売し、期末債権が 100 残った。
- 親会社は子会社から製品を年間で 1,000 購入し、期末債務が 100 残った。
- 親会社は当該製品をすべて外部へ販売した。

　この場合、親会社の財務諸表と子会社の財務諸表において、次の内部取引を含みますので、企業グループ全体における業績を測定するうえでは、これらの内部取引を消去して連結財務諸表を作成します。

- ▸ 子会社への投資 100 と親会社からの資本提供 100
- ▸ 子会社からの仕入債務 100 と親会社への売上債権 100
- ▸ 子会社からの仕入 1,000 と親会社への売上 1,000

　親子会社間で内部取引を行うことによって、親会社単体の業績を保持しながら子会社の業績を良くする考えもありますが、当該内部取引は連結財務諸表の作成過程において消去され、親会社と子会社をあたかも 1 つの会社として財務情報が作成されます。したがって、連結グループとしての事業コントロールを行い、連結グループとしての情報を投資家等へ提供することが大切です。

＜親会社の貸借対照表＞

資産	5,000	負債	3,000
子会社株式	100	子会社買掛金	100
		資本金	500
		利益剰余金	1,500

＜親会社の損益計算書＞

売上高		3,000
売上原価		1,000
（子会社からの仕入	1,000	）
販管費		1,000
営業利益		1,000

＜子会社の貸借対照表＞

資産	2,000	負債	1,000
親会社売掛金	100		
		資本金	100
		利益剰余金	1,000

＜子会社の損益計算書＞

売上高		1,000
（親会社への売上	1,000	）
売上原価		700
販管費		100
営業利益		200

＜親会社＋子会社の貸借対照表＞

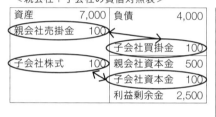

資産	7,000	負債	4,000
親会社売掛金	100		
		子会社買掛金	100
子会社株式	100	親会社資本金	500
		子会社資本金	100
		利益剰余金	2,500

＜親会社＋子会社の損益計算書＞

売上高		4,000
外部売上高	3,000	
親会社への売上	1,000	
売上原価		1,700
売上原価	700	
子会社からの仕入	1,000	
販管費		1,100
営業利益		1,200

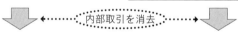

内部取引を消去

＜連結貸借対照表＞

資産	7,000	負債	4,000
		資本金	500
		利益剰余金	2,500

＜連結損益計算書＞

売上高		3,000
外部売上高	3,000	
親会社への売上	0	
売上原価		700
売上原価	700	
子会社からの仕入	0	
販管費		1,100
営業利益		1,200

4

決算期の異なる子会社を含む
連結グループの業績把握のための対応

背　景

　当社（A社）は、飲食店のフランチャイズ店を運営する3月決算会社です。同じく飲食店のフランチャイズ店を運営するB社（12月決算会社）の全株式を取得し連結子会社としました。B社とは決算期が3ヶ月ズレていますが、連結財務諸表においては、そのズレを許容してB社の決算期に基づき1月から12月までの業績を当社グループの4月から3月の会計期間に連結することとしました。

　当社の属する業界は競争が激しく、毎月さまざまなキャンペーン戦略を採用しており、月次業績の変動が大きいことが特徴です。当社もグループ一丸となって各種キャンペーンを行い、集客力を伸ばしていますが、当社グループの連結業績を集計するにあたり、1月以降のキャンペーン効果がB社に関しては次年度の業績に反映されるため、グループ全体のキャンペーン効果をタイムリーに連結業績に反映させることができていません。そこで、当社グループ内における決算期の違いについて、どのような対応ができるのか検討しています。

経営者の疑問

　子会社（B 社）の決算期が親会社（A 社）と異なる場合、子会社
の業績がタイムリーに連結業績に反映していないため、連結業績
を投資家等へ説明する際に当社グループの実態と相違しているように感じて
います。そこで、B 社の 4 月から 3 月までの業績を連結業績にタイムリーに
反映させる方法を教えてください。

アドバイス

　　A 社と B 社の決算期が異なっていることを解消する方法として、
子会社である B 社の株主総会の決議に基づいて決算期を 12 月から
3 月に変更し、親会社である A 社の会計期間に合わせることができ
ます。また、B 社の決算期を変更せずに 12 月の本決算とは別に 3 月に仮決算を
行い A 社と同じ会計期間を連結業績に反映することもできます。ただし、ここ
で気をつけなくてはいけないのが、仮決算の場合も含め決算期を統一すると、
B 社の決算作業を従来よりも大幅に早めなくてはいけない点です。今までは決
算期が 3 ヶ月ズレていたので、B 社の 12 月の本決算作業は自社の株主総会に合
わせたペースで行い、4 月以降の連結決算作業に合わせて親会社へ 12 月本決算
情報を提出することができました。しかし決算期を統一すると、B 社自身の決
算スケジュールと連結決算スケジュールが 4 月から同時にはじまり、一般的に
は決算日後 15 日前後で B 社の財務数値を確定しなければならなくなるため、
かなりタイトなスケジュールに対応することになります。したがって、B 社の
決算期を A 社に合わせると、B 社の決算作業の遅れにより適時に連結業績を集
計できなくなるリスクがあるため、B 社（子会社）の決算体制および開示体制
の整備状況を見直す点に留意が必要です。

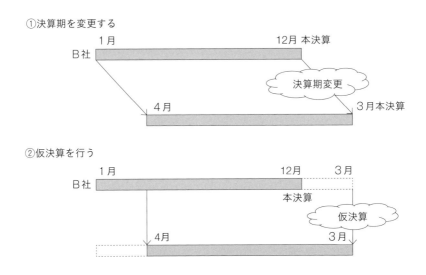

経営戦略と会計制度のつながり

　現在の業績開示は連結財務諸表が主体となっていますが、子会社の決算日が連結決算日と異なっていたとしても、必ずしも統一することは求められていません。複数業種における各々の特徴や海外における制度により、連結グループの決算期統一を強いることは実務負担が大きいと考えられるためです。一方で、あまりにもかけ離れた期間の業績を同一期間とみなして集計することは投資家の判断を誤らせることになります。そこで、原則として決算期の異なる子会社は連結決算日に仮決算を行って連結会計期間と合わせることで投資情報に資するとしつつも、実務負担に配慮して連結決算日と3ヶ月の差異までは異なる会計期間のまま連結することを容認しています（連結会計基準16項、注4）。したがって企業は、自社の事業の範囲や適時性を考慮して連結グループ会社の決算期の相違に対応することになります。

決算期を変更する場合どのような会計処理を行いますか

　連結子会社の決算期の変更や仮決算を行うことへの変更は、会計方針の変更には該当しないものと考えられますが、四半期報告制度や次年度以降の比較情報の有用性等を考慮すると、その運用は会計方針の変更と同様に扱うものとされ、期首から決算期を変更することが適当と考えられます（比較情報研究報告 Q6 の A（1））。

　具体的には、子会社 B 社（12 月決算）が×5 年度の決算期を 3 月に変更したとします。この場合、親会社 A 社の連結決算では B 社の×5 年 1 月から×6 年 3 月までの 15 ヶ月間の業績を集計することになります。期首から当該変更を適用しますので、A 社の第 1 四半期である×5 年 6 月期（×5 年 4 月から 6 月）は、B 社の×5 年 1 月から 6 月までの 6 ヶ月間の業績を連結することになります。

　その際会計期間がズレていた B 社の×5 年 1 月から 3 月までの損益については、①損益計算書を通して調整する方法として、B 社の 15 ヶ月間の損益計算書を連結する方法のほか、②利益剰余金として直接株主資本等変動計算書に加減する方法が認められています（比較情報研究報告 Q6 の A（3））。

知っておきたいポイント 2-21

連結グループの決算日を統一する方法を教えてください

　グループ会社の決算日を統一する方法としては、子会社の決算日を連結決算日（親会社の決算日）に変更することも、親会社の決算日を変更して連結決算日を子会社の決算日にすることもできます。

　また、親会社の決算日が連結決算日となるため（連結財規3条1項）、親会社が仮決算を行うことによって子会社の決算日に統一することはできませんが、子会社が仮決算を行うことによって決算日を統一することはできます。その場合、子会社は連結決算日に正規の決算に準ずる合理的な手続により決算を行わなければなりません（連結会計基準16項）。

	親会社	子会社
変更前の決算期	3月	12月
①子会社の決算期を変更	3月	3月に変更
②親会社の決算期を変更	12月に変更	12月
③子会社の仮決算	3月	本決算12月 仮決算3月

↑
連結決算日

①子会社の決算期を変更する

②親会社の決算期を変更する

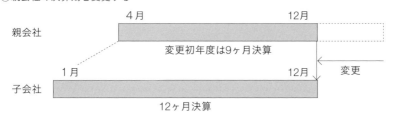

③子会社が仮決算を行う

> 親会社と子会社の決算日の差異が3ヶ月を超えない場合の取扱いを
> 教えてください

　決算日が異なる子会社を連結する場合に、原則として、連結決算日に仮決算を行いますが、決算日の差異が3ヶ月を超えない場合は、子会社の決算日で連結することが容認されています（連結会計基準注4）。

　親会社が3月決算である場合、「3ヶ月を超えない子会社決算」とは、形式的には12月決算（親会社決算日より3ヶ月早い）から6月決算（親会社決算日より3ヶ月遅い）までの決算をさします。しかし、子会社が4月決算以降の場合は、親会社決算日よりも子会社決算日が遅いため、親会社の連結決算作業中に子会社が決算の情報を提出することが困難となります。したがって実務的には「決算日の差異が3ヶ月を超えない場合」とは、親会社よりも決算日が早い12月決算から2月決算までの子会社が対象と考えられます。

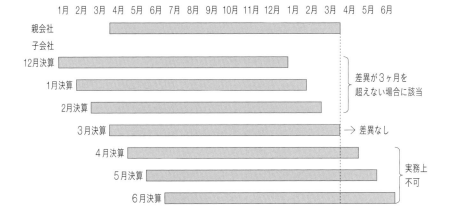

決算期を統一する場合、どのようなことに留意する必要がありますか

　決算期を変更する子会社は、親会社の連結決算作業中に個別決算を完了し連結決算のための財務情報を親会社に提出しなくてはいけないため、決算期を変更する前に比べて決算作業の早期化が求められます。したがって、グループ全体で決算日を統一するのであれば、決算期を変更する会社の数が少ない方が、グループ全体として決算期変更に伴う事務負担は軽くなります。一般的に国内は3月決算会社が多く、海外は12月決算会社が多いのが実状です。そこで、国内会社が多い連結グループであれば、海外子会社を3月決算に変更することを検討することが効率的と考えられます（ただし国によっては現地の法令により決算期が変えられない場合があることに留意が必要）。一方で、海外子会社が多い連結グループであれば、親会社および国内子会社を12月決算に変更することを検討することが効率的と考えられます。

知っておきたいポイント **2-24**

子会社における正規の決算と仮決算の違いは何ですか

　仮決算とは、正規の決算に準ずる合理的な手続によって連結決算日に決算を行うものです。したがって、正規の決算のような株主総会の開催、決算公告、税金の申告などは必要なく、本決算と同様の決算作業を行います。一方で、子会社自身の本決算作業に加えて仮決算作業を行うので事務負担が増加します。例えば、連結決算日が3月に対して、12月決算の子会社の場合、12月の本決算と同様の税金計算等を3月仮決算においても再度実施することになります。また、退職給付の計算や会計方針の変更の適用時期などの論点も生じるため、子会社の連結決算上の重要性に応じて、子会社の仮決算の手続内容を親会社と十分に協議して定める必要があります。

知っておきたいポイント **2-25**

決算期を変更すると決算書にはどのような記載が必要ですか

(1) 親会社の決算期を変更する場合

　親会社の決算期を変更すると、連結決算日を変更することになるため、次の項目を注記します（連結財規3条3項）。
　①連結決算日を変更する旨　　②変更の理由
　③当該変更に伴う連結会計年度の期間（月数）

(2) 子会社の決算期を変更する場合

　子会社の決算期を変更すると、子会社の事業年度の月数が連結会計年度の月数と異なるため、次の項目を注記します（連結財規ガイドライン3-3）。
　①連結子会社の事業年度の月数が連結会計年度の月数と異なる旨
　②上記①の内容

コラム▶⑤ **決算期統一後の子会社の連結決算スケジュール**

　3月決算会社である親会社に合わせて12月決算であった子会社の決算期を3月に変更した場合、6月下旬に開催される親会社の株主総会からスケジュールを逆算すると、上場会社であれば5月中旬までに証券取引所の要請に基づき決算発表を行います。したがって、連結決算は遅くとも4月下旬から5月初旬に終了していることになり、そのため子会社は4月中旬には連結決算のための財務情報（連結パッケージ）を親会社へ提出する必要があります。この連結パッケージを作成するためには個別決算を終了することが求められるので、子会社は自社の株主総会に合わせた決算スケジュールでは間に合わないことになります。12月決算のときであれば、3月下旬の自社の株主総会終了後に連結パッケージを作成しても間に合いましたが、3月決算に変更することによって決算日後10日前後で個別決算を終了し連結パッケージを作成しなくてはならなくなるため、決算期変更と決算早期化を合わせて検討することが重要です。

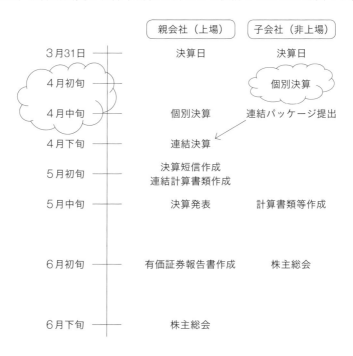

	親会社（上場）	子会社（非上場）
3月31日	決算日	決算日
4月初旬		個別決算
4月中旬	個別決算	連結パッケージ提出
4月下旬	連結決算	
5月初旬	決算短信作成 連結計算書類作成	
5月中旬	決算発表	計算書類等作成
6月初旬	有価証券報告書作成	株主総会
6月下旬	株主総会	

5

多角化経営を行うときの
グループ各社の会計処理の相違

背　景

　当社は、会社を拡大するために、1つの事業だけにとどまらずさまざまな分野の事業に進出しています。このような多角化経営を行うことのメリットとして、外部環境の変化によって一部の事業の収益が変動した場合に、他の事業の収益によって補塡することで企業全体の収益の変動を抑えることができる点と考えています。仮に事業が1つしかない場合は、何らかの要因でその事業の収益が悪化することによって企業全体の収益が悪化してしまうリスクを、多角化経営によって回避することができると考えています。

　一方で、多角化経営を行うことのデメリットは、経営を効率的に行うことが難しい点と考えています。手がける事業が多くなるほど、それぞれの事業にヒト・モノ・カネという経営資源を投入しなければならず、また、多くの情報を収集しなければなりません。通常、経営を効率的に行うためには、経営資源を集中しコストを削減することが重要ですが、多角化経営ではそれが困難になる可能性があります。収益を獲得している事業だけに経営資源を集中することも考えられますが、現時点の収益が獲得できないという理由だけで将来性のある事業を切り捨ててしまうと、大きな機会損失につながるかもしれません。

　そこで当社は、事業を選別して、事業の拡大、維持、縮小および撤退などを判断する経営管理手法として、プロダクト・ポートフォリオ・マネジメント（PPM）を利用しています。

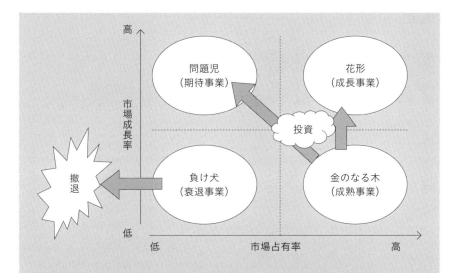

　縦軸を市場成長率（将来性）、横軸を自社の市場占有率（シェア）とし、四つの象限を作成し、各象限を「問題児」、「花形」、「金のなる木」、「負け犬」と名付け、各事業をプロットしていきます。成熟事業としてプロットした「金のなる木」での儲けを、成長事業としてプロットした「花形」や今後成長が期待できる事業としてプロットした「問題児」に投資していきます。その一方で、衰退事業としてプロットした「負け犬」からは事業撤退します。このような考え方に基づき事業を選別することで、効率的な多角化経営を進めています。

経営者の疑問

　当社は、さまざまな事業をグループ会社で行っています。各グループ会社は買収等によりグループ化している会社が多く、それぞれの事業環境や会社規模等が異なることから、利益の算出基準（会計方針）が異なっています。経理部からは「原則として、グループ内の会社は会計方針を統一する必要がある」といわれていますが、仮に同一事業でも規模の異なる会社の会計処理を無理に同じにするのであれば、かえって会社の実

態に合わず、PPM のプロットを誤ってしまうのではないかと危惧していま
す。

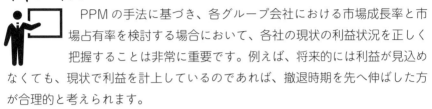

アドバイス

　　　　　　PPM の手法に基づき、各グループ会社における市場成長率と市
場占有率を検討する場合において、各社の現状の利益状況を正しく
把握することは非常に重要です。例えば、将来的には利益が見込め
なくても、現状で利益を計上しているのであれば、撤退時期を先へ伸ばした方
が合理的と考えられます。

　そのためには、グループ各社の利益算出基準が同じでなければなりません。
したがって、グループ各社の会計処理を統一し、企業間比較を正しく行うこと
によって、グループ各社の営む事業を PPM の各象限に的確にプロットするこ
とができ、企業グループの現状認識とそれに伴う将来の成長戦略を描くことが
できると考えます。また、そのことは連結財務諸表を通して投資家へ有用な情
報を提供することになり、ひいては資本市場の発展に寄与するものと考えま
す。

経営戦略と会計制度のつながり

　利益は、収益から費用を引いた差額として計算され、会社の重要な業績指
標の 1 つです。例えば、商品販売における収益に関しては、出荷時に売上を
計上する方法や納品時に売上を計上する方法など考えられます。また、費用
に関しては、商品の払出単価を先入先出法で算定して売上原価を計上する方
法や移動平均法で算定して売上原価を計上する方法など考えられます。この
ように、同じ取引でも異なる会計処理を選択すれば、異なる利益が算出され
ます。また、さまざまな会計ルールをどの範囲まで適用しているのかによっ
ても最終的に計算される利益は異なります。

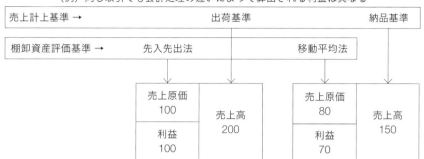

（例）同じ取引でも会計処理の違いによって算出される利益は異なる

売上計上基準 →	出荷基準	納品基準
棚卸資産評価基準 →	先入先出法	移動平均法

売上原価 100	売上高 200	売上原価 80	売上高 150
利益 100		利益 70	

　このようにグループ各社がバラバラな会計処理を採用している環境下では、グループ各社を同じ条件で比較することができないため、PPM において「負け犬」にプロットすべき子会社を誤って選択する可能性があります。また、企業の多角化・国際化の進展や証券市場への海外投資家の参入の増加等の環境において、連結情報に対する投資家のニーズに応えるためには、企業間比較ができるように事業の利益を計算する必要があり、そのためグループ会社では会計ルールを統一することが求められます。少なくとも、連結財務諸表を作成するうえでは、連結グループを構成する親会社と子会社が同一環境下で行った同一の性質の取引等については、それぞれが採用する会計処理の原則および手続を原則として統一しなければなりません（連結会計基準17項）。

知っておきたいポイント 2-26

　連結グループを構成するすべての会社の会計処理を統一しなければならないのでしょうか

　グループ各社を同じ条件で比較するうえでは、すべてのグループ会社において、同一環境下で行われた同一の性質の取引等については、原則として会計方針を統一することが求められています（連結会計基準17項）。一方で、

連結財務諸表を作成するうえでは、合理的な理由がある場合または重要性が
ない場合は、統一しないことが許容されています（会計処理統一の取扱い 3
項）。

　ここで、合理的な理由がある場合とは、子会社が上場会社であり、独自の
会計方針を採用している場合等が想定されますが、実務上は会社と監査人と
の間で個別に協議する必要があります（会計処理統一の取扱い Q & A2 ①）。

　また、重要性がない場合とは、重要性の判断を各々の個別財務諸表に基づ
いて行った結果ではなく、連結財務諸表上の諸数値に基づいて行った結果を
意味します。重要性の判断基準としては、一般的に連結損益計算書上の「親
会社株主に帰属する当期純利益」に対する影響を検討することが考えられま
す。なお、重要性の判断にあたっては、当連結会計年度の数値だけではな
く、過去一定期間の平均値に基づくことも考えられます（会計処理統一の取
扱い Q & A2 ②）。

　しかし、統一しないことに合理的な理由がある場合や重要性がない場合を
除いて、会計処理は統一しなければならないことに留意し、財務諸表利用者
にとって有用な情報を提供することを一番に考えることが大切です。

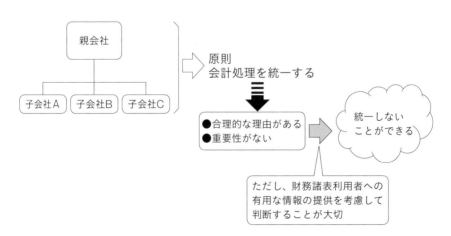

「同一環境下で行った同一の性質の取引等」とは、具体的にどのように考えるのでしょうか

　同一環境下で行った同一の性質の取引を考えるにあたり、まずは当該取引が営業取引であるかどうかを考えます。営業取引であれば、その取引が属する事業セグメントごとやその事業セグメント内における製造・販売等の機能別単位ごとに会計処理を統一します。また、営業取引以外の取引であれば、それぞれの取引目的ごとに統一します。例えば、同じセグメントに属する売上取引について、出荷基準と検収基準が含まれているのであれば、いずれかに統一することになります（会計処理統一の取扱い4項（1））。

　同一環境下で行った同一の性質の取引については、特定の定義づけによって企業における分類方法が硬直化するおそれが考えられることから、当該取引の識別については、経営者の判断に委ねることにしています（会計処理統一の取扱いQ＆A3）。

　一方で、事務処理の経済性を考慮して、原則として統一すべき会計処理と必ずしも統一を必要としない会計処理が示されています（会計処理統一の取扱い5）。

〈原則として統一すべき会計処理〉

項目	留意点
資産の評価基準	事業セグメント単位等ごとに統一
繰延資産の処理方法	同一種類の繰延資産ごとに統一
引当金の計上基準	連結グループの状況を踏まえて、企業集団全体として判断し統一
営業収益の計上基準	事業セグメント単位等ごとに、企業集団内の親会社または子会社が採用している計上基準の中で、企業集団の財政状態および経営成績をより適切に表示すると判断される計上基準に統一

〈必ずしも統一を必要としない会計処理〉

項目	留意点
資産の評価方法	棚卸資産および有価証券の評価方法（先入先出法、移動平均法等）については、事業セグメント単位等ごとに統一することが望ましいが、必ずしも統一を必要としない
固定資産の減価償却の方法	有形固定資産および無形固定資産の減価償却の方法（定額法、定率法等）については、事業セグメント単位等に属する資産の種類ごとに統一することが望ましいが、事業場単位での償却方法の選択も認められる

 知っておきたいポイント **2-28**

会計処理を統一する場合、親会社の会計処理に統一しなければいけないでしょうか

　親会社と子会社との間で会計処理が異なる場合、どちらかの会計処理を自由に選択するのではなく、原則として企業グループの財政状態、経営成績およびキャッシュ・フローの状況により適切に表示するものを選択します。したがって、子会社の会計処理が企業グループの実態を適切に表示すると判断した場合には、結果的に子会社の会計処理に統一することになるので（連結会計基準58項）、必ずしも親会社の会計処理に統一するわけではありません。

 知っておきたいポイント **2-29**

会計処理を統一する場合、経営者がそのタイミングを自由に決定できるでしょうか

　企業グループ内の会計処理が異なっていたものを統一する場合において、複数の会計処理（例えば、有形固定資産の減価償却方法と売上の計上基準など）を統一する必要がある場合、原則として同じタイミングとなります。し

かしながら、例えば売上の計上基準を統一する場合、状況によっては販売システム等を変更しなければならないことから、各社のタイミングが同じにならないこともあります。この場合には、実務的に変更が可能な会計処理から段階的に進めていくことも認められると考えられます。ただし、当然ですが、業績を操作する目的で意図的にタイミングをずらすことは認められません（会計処理統一の取扱いQ＆A9）。

　したがって、原則として複数の会計処理を同時に変更することが求められていて、それが困難な場合には実務的に可能なものから段階的に進めていくことになりますので、経営者が自由にタイミングを決定できるものではありません。

知っておきたいポイント 2-30

海外のグループ子会社は、日本とは異なる会計基準に基づいて財務諸表を作成しています。この場合、日本の会計基準に基づいて財務諸表を改めて作成するのでしょうか

　海外のグループ会社であっても、同一環境下で行った同一の性質の取引であれば、会計処理を統一することになります（連結会計基準17項）。例えば、売上取引に関して、日本では出荷基準で会計処理していても、海外では出荷基準が認められず納品基準で会計処理している場合が考えられます。この取引が、同一環境下の商品売買取引であれば、本来的にはいずれかの会計処理に統一しなくてはいけません。

　しかしながら、実務上における対応の煩雑さを考慮し、海外子会社が国際財務報告基準や米国会計基準に基づいて財務諸表を作成していれば、たとえ売上取引の計上基準が異なっていても統一する必要はありません。ただし、次の項目は、日本の会計基準に共通する考え方と乖離するため、当該修正額に重要性が乏しい場合を除き、連結決算手続上、日本基準に合わせて会計処理を修正する必要があります（在外子会社の会計処理の取扱い）。

項目	修正の概要
のれんの償却	のれんを償却していない場合は償却し、償却費を費用処理する
退職給付会計における数理計算上の差異の費用処理	数理計算上の差異をその他の包括利益で認識し、その後費用処理を行わない場合は、一定の年数で規則的に費用処理する
研究開発費の支出時費用処理	研究開発費を資産に計上している場合は、支出時の費用とする
投資不動産の時価評価および固定資産の再評価	投資不動産を時価評価している場合、固定資産を再評価している場合は、取得原価を基礎として正規の減価償却によって算定された減価償却費を計上する
資本性金融商品の公正価値の事後的な変動の表示	資本性金融商品の公正価値の事後的な変動をその他の包括利益に表示している場合には、当該金融商品の売却や減損を行ったときに生じる損益は当期の損益に計上する

コラム ⑥ 親子会社の会計方針に関する注記情報

1. 会計方針を変更した場合

　親子会社間の会計処理の統一を目的として会計方針を変更する場合には、連結財務諸表および個別財務諸表上、これを「正当な理由」による会計方針の変更として、主に以下の項目を注記します（会計処理統一の取扱い4（4）、連結会計基準43（3）①、過年度遡及基準11項）。

- 会計方針の変更の内容
- 会計方針の変更を行った正当な理由
- 表示期間のうち過去の期間について、影響を受ける財務諸表の主な表示科目に対する影響額および1株当たり情報に対する影響額
- 原則的な取扱いが実務上不可能な場合には、その理由、会計方針の変更の適用方法および適用開始時期

2. 親会社の会計方針を連結修正した場合

　連結手続上、親会社の会計方針を修正した場合、連結財務諸表に追加情報として以下の項目を注記します（会計処理統一の取扱い6）。

- 親会社の会計方針を修正した旨
- 修正の理由
- 当該修正が個別財務諸表において行われたとした場合の影響の内容

3. 子会社の会計方針が異なる場合

　子会社の採用する会計方針が、親会社およびその他の子会社との間で特に異なるものがあるときは、「その概要」を連結財務諸表に注記します（連結会計基準43（3）②）。

6

輸入取引に対する
為替変動リスクの回避

背　景

　当社は原材料を国内で調達していましたが、海外市場からの調達に切り替えたことによりコストダウンにつながりました。以前は、実取引に基づいて輸入時にドルで決済していましたが、欧米における政治の不安定などから為替が大きく変動することもあり、たまたま円安に振れているときに原材料が到着すると、仕入価額が高くなりコストダウンの効果が薄れてしまいます。今では、輸入原材料を使う製品の種類も多くなり輸入量も安定してきたことから、中期的な輸入仕入計画もある程度策定できるようになりました。

　そこで、将来の輸入取引に対する為替変動のリスクを回避するために、為替予約を締結することを検討しています。業績も安定し過去の輸入実績もあり、それを基にした将来計画も策定していることから、2年先、3年先の輸入取引についても予約したいと考えています。

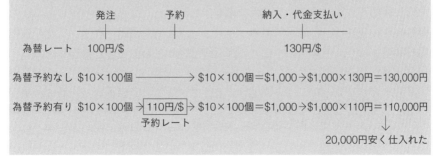

経営者の疑問

世界経済の見通しが不安定になっていることから、為替相場は将来も変動することが想定されるため、当社の中期経営計画に基づき3年後までの仕入価格を固定したく長期の為替予約を締結しようと検討しています。しかし、監査法人からは、長期の予定取引にヘッジ会計を適用するためには、厳しい要件をクリアする必要があると言われています。当社の中期経営計画の実行可能性については、監査法人も認めているにもかかわらず、長期の為替予約にヘッジ会計が認められないのは理解しにくいところです。

アドバイス

海外との取引を行う企業が為替変動をヘッジ（回避）する目的で輸出入取引等に為替予約を締結することは、企業にとって合理的な行動であると考えます。その目的は、輸出入取引による外貨建金銭債権債務から生じる為替差損益を為替予約に係る損益によって回避することです。

一方で、為替予約等のデリバティブ取引と原材料の輸入取引は別の取引であるため、無造作に為替予約を締結しても両者から生じる損益が自動的に相殺されるわけではありません。

実際に実行された輸入取引に対して為替予約を締結する場合は、両者の対応関係が明確となります。一方で、将来に予定されている輸入取引に対して為替予約を締結する場合に、もし当該予定取引が実行されなければ為替予約に係る損益のみが発生し、為替リスクのヘッジという目的が達成されず、ただの投機的な取引となり、企業活動としての経済合理性が失われることになりかねません。

このようなことから、ヘッジ会計を適用するうえで、将来の予定取引の実行可能性についての判断は厳しく規定されています。

経営戦略と会計制度のつながり

　ヘッジ取引とは、ヘッジ対象の資産または負債に係る相場変動を相殺するか、ヘッジ対象の資産または負債に係るキャッシュ・フローを固定してその変動を回避することにより、ヘッジ対象である資産または負債の価格変動、金利変動および為替変動といった相場変動等による損失の可能性を減殺することを目的として、デリバティブ取引をヘッジ手段として用いる取引をいいます（金融商品会計基準 96 項）。

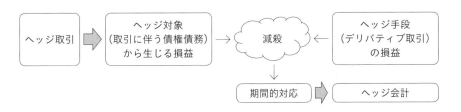

　ヘッジ手段である為替予約等のデリバティブ取引については、原則的な処理方法によれば時価評価され損益が認識されることになりますが、ヘッジ対象の資産または負債に係る相場変動等が同じ会計期間の損益に反映されない場合には、両者の損益が期間的に対応しなくなり、ヘッジ対象の相場変動等による損失の可能性がヘッジ手段によってカバーされているという経済的実態が財務諸表に反映されないことになります。このため、ヘッジ対象およびヘッジ手段に係る損益を同一の会計期間に認識し、ヘッジの効果を財務諸表に反映させるヘッジ会計が必要となります（金融商品会計基準 97 項）。これは、企業のグローバル化に伴い、また、世界経済の不安定な中での為替変動リスクにさらされている局面での企業の合理的な財務活動の実態を適切に財務諸表に反映させ、投資家に対して的確な財務情報を提供することの必要性から採用されました。

　ヘッジ会計が適用されるヘッジ対象には、次のようなものがあります。

　①相場変動等による損失の可能性がある資産または負債のうち、相場等の

変動が評価に反映されていないもの

②相場等の変動が評価に反映されていても、その評価差額が損益として処理されないもの

③相場等の変動を損益として処理することができるものであっても、当該資産または負債に係るキャッシュ・フローが固定され、その変動が回避されるもの

④予定取引（未履行の確定契約を含む）により発生が見込まれる資産または負債

ただし、④の予定取引については、ヘッジの目的が確実に実行されることが必要であるため、主要な取引条件が合理的に予測可能であり、かつ、その実行可能性が極めて高い取引に限定しています（金融商品会計基準100項、101項）。

 知っておきたいポイント **2-31**

ヘッジ手段としての為替予約の全般的な会計処理について教えてください

(1) 外貨建金銭債権債務に対する為替予約の場合

決算日レートで換算される外貨建金銭債権債務について、為替予約により為替変動リスクのヘッジを行った場合、ヘッジ手段である為替予約は、原則として期末に時価評価を行い評価差額は損益として処理し、ヘッジ対象である外貨建金銭債権債務は、決算時の為替相場で換算し、換算差額は損益として処理します。これらの処理により損益の計上時期が一致するため、ヘッジ会計の要件を満たすか否かの判定は要しません（金融商品実務指針168項）。

(2) 予定取引に対する為替予約の場合

外貨による予定取引についての為替変動リスクのヘッジは、ヘッジ会計の要件を満たす場合には、ヘッジ手段（為替予約）に係る損益を「繰延ヘッジ

損益」として繰り延べます（金融商品実務指針 169 項）。

　為替予約には次のような会計処理があり、選択適用が認められています。なお、仕訳例については コラム▶⑦ をご参照ください。

①原則的処理（独立処理）

　ヘッジ手段である為替予約は、原則として期末に時価評価を行い、評価差額を予定取引が実行されるまで「繰延ヘッジ損益」として繰り延べます。そして当該繰延ヘッジ損益は、予定取引の実行時に予定取引から生じる損益の認識のタイミングに合わせて損益処理します（金融商品実務指針 170 項）。

②特例的処理（振当処理）

　ヘッジ手段である為替予約の処理は、「独立処理」と同様、予定取引が実行されるまで「繰延ヘッジ損益」として繰り延べます。実務上は、当該繰延ヘッジ損益は翌期首に洗替えられます。そして、予定取引が実行されたときに発生する外貨建金銭債権債務を予約レートで換算することにより、為替予約は個別では認識されない処理になります（外貨建取引実務指針 4 項）。

(1) 外貨建金銭債権債務に対する為替予約

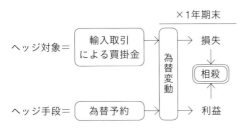

(2) ヘッジ会計を適用した予定取引に対する為替予約

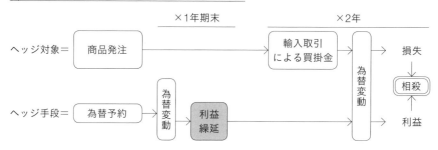

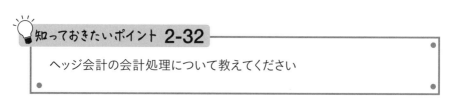

知っておきたいポイント **2-32**

ヘッジ会計の会計処理について教えてください

(1) 会計処理

ヘッジ会計とは、ヘッジ取引のうち一定の要件を満たすものについて、ヘッジ対象に係る損益とヘッジ手段に係る損益を同一の会計期間に認識し、ヘッジの効果を当期純損益の計算に反映させるための会計処理です（金融商品会計基準 29 項）。

ヘッジ会計は、原則として、時価評価されているヘッジ手段に係る損益をヘッジ対象に係る損益が認識されるまで純資産の部において繰り延べる方法によります（金融商品会計基準 32 項）。

(2) ヘッジ会計の要件

ヘッジ取引にヘッジ会計が適用されるためには、ヘッジ対象である外貨建金銭債権債務等が為替変動等による損失の可能性にさらされており、ヘッジ対象とヘッジ手段のそれぞれに生じる損益が互いに相殺される関係にあるか、または、ヘッジ手段によりヘッジ対象の資産・負債のキャッシュ・フローが固定され、その変動が回避される関係にあることが前提になります（金融商品会計基準 注 11）。さらに、ヘッジ会計を適用できるか否かの具体

的な判定にあたっては、企業の利益操作の防止等の観点から、「事前テスト」と「事後テスト」という考え方を踏まえ、次のすべての要件を満たしていることが必要です（金融商品会計基準31項）。

テスト時期	要件
ヘッジ取引時 （事前テスト）	ヘッジ取引が企業のリスク管理方法に従ったものであることが、次のいずれかによって客観的に認められること。 ①当該取引が企業のリスク管理方針に従ったものであることが、文書によって確認できること。 ②企業のリスク管理方針に関して明確な内部規程および内部統制組織が存在し、当該取引がこれに従って処理されることが期待されること。
ヘッジ取引時以降 （事後テスト）	ヘッジ対象とヘッジ手段の損益が高い程度で相殺される状態、またはヘッジ対象のキャッシュ・フローが固定されその変動が回避される状態が引き続き認められることによって、ヘッジ手段の効果が定期的に確認されていること。

知っておきたいポイント **2-33**

ヘッジ会計の特例的処理方法である「振当処理」とは何ですか

(1) 振当処理の会計上の定義

振当処理とは、為替予約等により固定されたキャッシュ・フローの円貨額により外貨建金銭債権債務を換算し、直物為替相場による換算額との差額（為替予約差額）を、為替予約等の契約締結日から外貨建金銭債権債務の決済日までの期間にわたり配分する方法をいいます（外貨建取引実務指針3項）。

ただし、為替予約の契約が外貨建取引の前に締結されている場合には、将来の支払いまたは受取り円貨額が確定していること、また、為替予約差額の期間配分を強制すると実務上著しく煩雑になることを考慮し、外貨建取引および金銭債権債務は予約レートで換算することができます（外貨建取引実務指針8項、53項）。

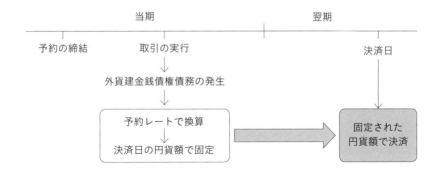

(2) 振当処理が認められる背景

為替予約をヘッジ手段として利用している場合において、ヘッジ会計の要件が満たされているときは、決済時における円貨額を確定させることにより為替相場の変動による損失の可能性を減殺するため、振当処理もヘッジの効果を財務諸表に反映させる1つの手法と考えられ、当分の間、採用することも認めることとされました（金融商品会計基準意見書　実施時期等2経過措置(2)）。また、実務的には1999年1月に金融商品会計基準が制定されるまでは、振当処理が採用されていたことも「当分の間」認められる理由と考えられます。

(3) 振当処理を採用する際の留意事項

振当処理を採用するにあたり、次の点に留意する必要があります（外貨建取引実務指針3項、5項）。

①会計方針として決定する必要がある。

②ヘッジ会計の要件を満たす限り継続して適用しなければならない。

③原則的処理の採用を決定した後で振当処理へ変更することは、原則的な処理方法から特例的に認められた処理方法への変更となるため認められない。

④対象となる外貨建金銭債権債務は、為替予約が振当処理されることによって、将来のキャッシュ・フローが固定されるものに限られる。

知っておきたいポイント **2-34**

「予定取引」とは何ですか

(1) 予定取引の会計上の定義

　予定取引とは、「未履行の確定契約に係る取引」および「契約は成立していないが、取引予定時期、取引予定物件、取引予定量、取引予定価格等の主要な取引条件が合理的に予測可能であり、かつ、それが実行される可能性が極めて高い取引」をいいます（金融商品会計基準 注 12）。

(2) 予定取引に係るヘッジ会計の必要性

　予定取引をヘッジするために締結した為替予約の時価評価から生じた損益は、予定取引から生じた損益が純損益として認識される事業年度まで「繰延ヘッジ損益」として繰り延べられます。為替予約が締結された時点では実取引が行われていないことから、為替予約を締結した事業年度と予定取引が実行される事業年度が異なることがあり、その場合にはヘッジ手段とヘッジ対象から生じる損益を認識する事業年度も異なってしまいます。予定取引をヘッジするためには、一定の要件のもとヘッジ会計を適用してヘッジ手段から生じる損益を繰延ヘッジ損益として繰り延べることによって、ヘッジ対象から生じる損益と同じ事業年度に認識させる必要があります。

(3) ヘッジ対象となり得る予定取引の判断基準

　予定取引は将来の予測事象であるため、その実行可能性を慎重に検討しなければなりません。もし、実行されることが不透明な予定取引に対して為替予約を締結し、当該為替予約に係る損益を繰り延べてしまい、その後当該予定取引が実行されなかった場合には、当該為替予約の締結はヘッジではなく単なる投機的な取引となり、為替予約の原則的な会計処理を逸脱することになります。例えば、過去に一度も行われていない取引が、将来予定どおりに行われることを客観的に示すことは一般的に困難であると考えられること

や、5年後に予定される原材料仕入取引は、実行までの期間が短い場合に比べ、一般的には実行可能性は低く、また経済的合理性を見いだしにくいと考えられます。

　一方で、経営計画等は企業によりさまざまであることに鑑み、予定取引がヘッジ対象となるか否かを判断するにあたって、次のような項目を総合的に吟味することとしています（金融商品実務指針162項、327項〜332項）。

①過去に同様の取引が行われた頻度

②当該予定取引を行う能力を有しているか

③当該予定取引を行わないことが企業に不利益をもたらすか

④当該予定取引と同等の効果・成果をもたらす他の取引がないか

⑤当該予定取引発生までの期間が妥当か（おおむね1年以内）

⑥予定取引数量が妥当か

コラム▶⑦ **独立処理と振当処理**

　予定取引をヘッジ対象とした為替予約の会計処理方法についてみていきます。

(1) 前提条件

①当社は原材料を輸入している 12 月決算会社である。

②1 月に輸入取引を予定しているが円安によるコストの増加を懸念して 10 月末に当該取引をヘッジする目的で為替予約を行った。

③輸入取引の概要は次のとおりである。

- 輸入金額：100 ドル
- 取引予定日：1 月末
- 決済期日：2 月末

④為替予約の条件は次のとおりである。

- 予約レート：1 ドル 120 円
- 予約金額：ドル買い 100 ドル
- 決済期日：予定取引の代金決済予定時期である 2 月末
- 直物レートは次のとおり

(円／ドル)

	10月末	12月末	1月末	2月末
	予約日	期末日	取引日	決済日
直物レート	−	110	117	130
先物レート	−	110	117	−
予約レート				→120

　この輸入取引は実行される可能性は極めて高いものであり、ヘッジ会計の要件も満たしている。なお、単純化のため、先物レートは直物レートと同一であったものとし、税効果は省略する。

(2) 仕訳

	独立処理
12月末	為替予約の時価評価 　繰延ヘッジ損益　　　　　　　1,000／為替予約　　　　※1　1,000 ※1：（予約レート120−先物レート110）×100=1,000
1月1日	為替予約の洗替え 　為替予約　　　　　　　　　　1,000／繰延ヘッジ損益　　　　　1,000
1月末	仕入取引の実行 　仕入　　　　　　　　　　　11,700／買掛金　　　　　　※2　11,700 　原材料　　　　　　　　　　11,700／仕入　　　　　　　　　11,700 　　※2：直物レート117×100=11,700 為替予約の時価評価 　繰延ヘッジ損益　　　　　　　 300／為替予約　　　　　※3　 300 　　※3：（予約レート120−先物レート117）×100=300 ヘッジ損益の原材料への振替え 　原材料　　　　　　　　　　　 300／繰延ヘッジ損益　　　　　 300
2月末	買掛金の決済 　買掛金　　　　　　　　　　11,700／外貨預金　　　　　※4　13,000 　為替差損　　　　　　※5　1,300／ 　　※4：直物レート130×100=13,000 　　※5：差額 為替予約の決済 　外貨預金　　　　　　　　　13,000／現金　　　　　　　※6　12,000 　為替予約　　　　　　　　　　 300／為替差益　　　　　※7　1,300 　　※6：予約レート120×100=12,000 　　※7：差額

	振当処理
12月末	為替予約の時価評価 　繰延ヘッジ損益　　　　　　　1,000／為替予約　　　　　　　　1,000 （予約レート120−先物レート110）×100=1,000
1月1日	為替予約の洗替え 　為替予約　　　　　　　　　　1,000／繰延ヘッジ損益　　　　　1,000
1月末	仕入取引の実行 　仕入　　　　　　　　　　　12,000／買掛金　　　　　　　　12,000 　原材料　　　　　　　　　　12,000／仕入　　　　　　　　　12,000 　予約レート120×100=12,000
2月末	買掛金の決済 　買掛金　　　　　　　　　　12,000／現金預金　　　　　　　12,000 　予約レート120×100=12,000

第3章

事業再構築
（リストラクチャリング）

不安定な世界経済の中で、企業の業績は良いときもあれば悪いときもあり、経済環境が悪い領域に関わる事業について、縮小や撤退などを事業戦略として検討することがあります。その場合、どうしても撤退等を考えている事業活動のみに注目して損失の見込みを算定することが多いと思いますが、その事業以外の領域を含めた網羅的な検討が不足していると、思わぬところに損失が発生するリスクがあります。

本章では、経営者が事業再構築を考えるにあたり、その結果に影響する項目を網羅的に検討することに役立つように、事業の再構築を進めるうえでの検討項目と会計制度とのつながりを解説しています。

1

事業からの撤退に伴う損失の計上

背　景

　当社は、5年前にエコロジー関連製品全般に使用できる新しい技術の開発に成功しました。その技術を商品化するために工場を建設し製造・販売体制を整えて、4年前から新技術を応用した部品を完成品メーカーへ納入しながらマーケティングを進めてきました。当初は5年目である当期から黒字化する事業計画を策定していましたが、ユーザーからカスタマイズのための仕様変更の要望が多く、その都度研究開発費が発生し、また少額ではありますが追加の設備投資を繰り返してきました。その結果、当初計画の1.5倍の設備投資額となってしまい、減価償却負担が予想外に増加しました。さらに、仕様変更対応のための継続的な研究開発費が発生したこと、多様な市場へ対応するためにノウハウの蓄積が効率的にできなかったこと、関連製品の市場が思ったほど拡大しなかったことなどが重なり、当該事業はこの4年間大幅な赤字が続き、当期も赤字の見込みとなりました。翌期以降に当該事業を営業黒字化するためには、さらなる設備投資が必要となることが試算されたため、当該事業の撤退を取締役会で決定しました。これから1年後に製造を中止することをめどに、現ユーザーに対して製品切り替えの交渉を開始するとともに、在庫供給量を把握し、在庫の作りだめをすることにしました。また、製造設備については、これから社内の他事業への転用、廃棄、外部への売却などの選別を行う予定です。

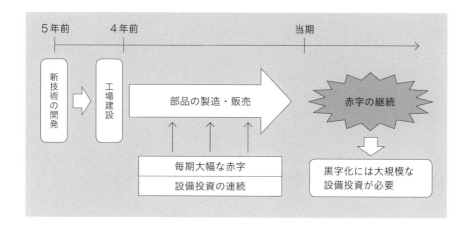

経営者の疑問

事業からの撤退を取締役会で決議したものの、最終的な撤退までには１年の期間が必要です。しかし、CFO（最高財務責任者）からは「取締役会等において決定された段階で当該事業に関わる設備類は減損の兆候に該当するため、事業撤退の完了を待たずに減損損失を計上しなければならない」との発言がありました。まだ当該事業から撤退していない中で、なぜ損失を計上しなければならないのでしょうか。

アドバイス

会社の事業戦略においては、将来に利益を獲得することを理由に、その予定利益を上回る過剰な設備の廃棄損失が先送りされないようにしなければなりません。事業用の生産設備等は、それを利用し製品等を製造・販売することによって利益を獲得することが期待されています。しかし、生産設備等の回収可能額が著しく低下、すなわち、将来の事業の撤退予定に伴い将来獲得予定の利益が著しく低下することによって生産設備等の簿価を回収できないことが明らかになる場合があります。その場合には、回収できない簿価を事業の撤退時まで資産として先送りするのではなく、将来の事業の撤退を決定するなど当該回収可能額を著しく低下させる見込みが生じた

時点において、損失として計上の要否を検討することになります。

　このように、赤字が続いている事業に見切りをつける積極的な経営の意思を、減損損失等の計上により適時に対外的に公表することによって、投資家からは企業の将来性への期待が大きくなり、投資価値は増加すると考えることが重要です。

経営戦略と会計制度のつながり

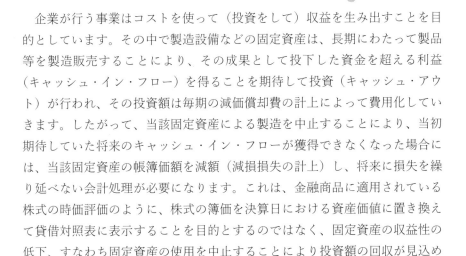

　企業が行う事業はコストを使って（投資をして）収益を生み出すことを目的としています。その中で製造設備などの固定資産は、長期にわたって製品等を製造販売することにより、その成果として投下した資金を超える利益（キャッシュ・イン・フロー）を得ることを期待して投資（キャッシュ・アウト）が行われ、その投資額は毎期の減価償却費の計上によって費用化していきます。したがって、当該固定資産による製造を中止することにより、当初期待していた将来のキャッシュ・イン・フローが獲得できなくなった場合には、当該固定資産の帳簿価額を減額（減損損失の計上）し、将来に損失を繰り延べない会計処理が必要になります。これは、金融商品に適用されている株式の時価評価のように、株式の簿価を決算日における資産価値に置き換えて貸借対照表に表示することを目的とするのではなく、固定資産の収益性の低下、すなわち固定資産の使用を中止することにより投資額の回収が見込めなくなった場合に、一定の条件のもとで回収可能額を貸借対照表に反映させることを目的として帳簿価額を減額する処理となります。

　この資産の評価に用いる「将来に得ることを予定している利益（キャッシュ・イン・フロー）」は、企業にとって資産の帳簿価額を回収することができるかどうかを判定するため、または、企業にとって資産がどれだけの経済的価値を有しているかを算定するために見積りが行われることから、経営者の事業方針が反映されたものといえます。したがって、外部投資家にとっては関心の高い項目といえるため、収益性が低下した固定資産は、その回収

可能性（将来に得ることを予定している利益による固定資産簿価の回収）を検討し回収不能な部分を帳簿価額から減額することが必要であり、それによって財務諸表の対外的な信頼を高めることになると考えられます。

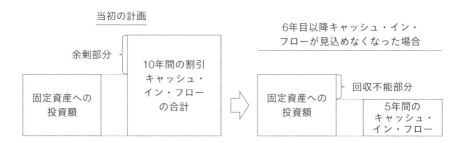

近い将来に赤字事業から撤退する予定ですが、それまでは現状の生産を継続する中で何を決めていかなければならないでしょうか

事業から撤退する場合、主に次の項目について検討します。
①現行の生産活動をいつまで続けるのか。得意先への供給は大丈夫か。
②生産設備等について、ほかに転用できるもの、外部へ売却できるものはあるのか。
③廃棄しなければならない設備はいつ特定できるのか。

これらをまとめると次のようになります。

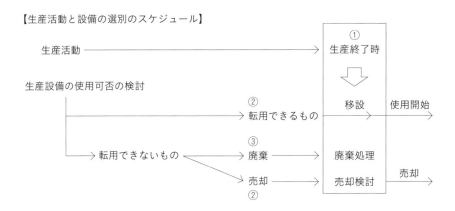

【生産活動と設備の選別のスケジュール】

1つの事業は赤字であるが会社全体としては利益を計上し、また、その赤字の事業が帰属する報告セグメント区分も全体として利益を計上しているのに、なぜその中にある一部の事業を減損しなければならないのでしょうか

　多角化している事業形態の中で、たとえ同じセグメント区分でも、その中の他の事業との間での部品のやり取りなどの相互依存性がない事業は、独立して評価することが事業の本質と考えられます。固定資産の減損とセグメント情報とは、その目的が相違することから、改めて固定資産の減損検討のための資産のグルーピングを検討することになります。

　すなわち、減損の検討における「資産のグルーピング」は、他の資産グループのキャッシュ・フローからおおむね独立したキャッシュ・フローを生み出す最小の単位で行います（減損会計基準二6（1））。一方、セグメントの報告区分は、企業の最高意思決定機関（取締役会等）が決定した資源（ヒト、モノ、カネ）の配分単位であり、また、その経営成績を継続的に評価する単位である「事業セグメント」を基礎に、量的基準により決定されたものです（セグメント会計基準6項〜10項）。したがって、その目的は異なり、

減損のための資産グルーピングは、できるだけ最小の単位とすることにより、減損すべき資産を他の資産と混同しないように考えられています。同じ報告セグメントに属していても、事業の廃止を意思決定した事業単位が1つの資産グループになると考えられ、その単位で減損を検討することになります。

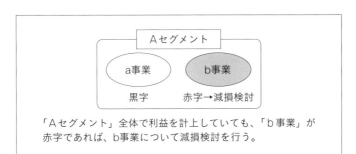

「Aセグメント」全体で利益を計上していても、「b事業」が赤字であれば、b事業について減損検討を行う。

知っておきたいポイント **3-3**

廃止予定事業ではあるが生産終了までの期間の営業利益は黒字であり、また、一部設備の売却収入によって、当該事業に属する固定資産の簿価を全額回収できる場合、減損の兆候がないのではないでしょうか

　廃止予定の資産グループは、一般的に当初計画していた設備等の使用期間に回収できる額（製品の製造・販売によって得られる予定の利益の額）を著しく低下させる変化が生じていると考えられるため「減損の兆候あり」となります（減損会計適用指針13項、82項）。ただし、資産グループに減損の兆候があるからといって、すぐに減損損失を計上するのではなく、まずは減損損失の認識の判定を行います。その結果、獲得できる割引前将来キャッシュ・フローの総額が固定資産の簿価を上回る場合には、減損の兆候があっても減損損失を認識しないことになります。

　しかし、生産終了が決定されていることから、生産終了後に廃棄する固定資産については、生産終了までの期間において減価償却を完了させるように耐用年数を短縮する必要があります。

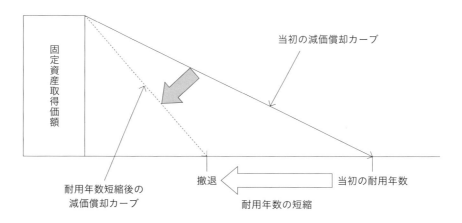

知っておきたいポイント 3-4

事業から撤退する場合の主な損失計上の内容とタイミングについて教えてください

　取締役会等において、事業からの撤退を決議した場合に計上される主な損失の内容と計上のタイミングをまとめると次のようになります。

損失項目	内容	計上時期
固定資産の減損損失	廃止事業に属する固定資産のうち主に廃棄予定または使用見込みのないもの	将来、固定資産を使用しないことが明らかになった時点
製品の評価損	廃止事業に係る製品在庫を廉価販売などにより赤字が見込まれるもの	今後販売しても赤字となることが見込まれる時点
原材料の評価損	廃止事業専用の材料等で他へ転用ができず使用が見込まれないもの	今後使用しないことが明らかになった時点
従業員の早期退職金	生産終了に伴い従業員などに早期退職を募集	従業員が早期退職に応募し退職金額が見積れる時点

　ここで重要なことは、損失の計上は資産の廃棄や従業員が退職した時点ではなく、その方向性が決まり、損失金額が合理的に見積り可能になった時点で計上することです。それぞれの計上のタイミングについて解説します。

(1) 固定資産の減損損失の計上のタイミング

　固定資産の簿価は、その固定資産を使って生産される製品等を販売し獲得する利益によって回収されます。この点、固定資産の回収可能額を著しく低下させる変化（事業の撤退など）が生じたときには、回収不能（減損）が生じている可能性を示している（減損の兆候）ため、減損損失を認識するか否かの判定を行います（減損会計適用指針 11 項）。この判定のタイミングは、事業の撤退が生じた場合のみならず、取締役会等において事業からの撤退を決定した段階でも該当することに留意が必要です（減損会計適用指針 82 項）。企業は固定資産を使用することにより、将来のキャッシュ・イン・フローを期待して投資をしているので、その期待している将来のキャッシュ・イン・フローが減少するような意思決定が行われ、当該固定資産の回収可能額が低下することが明らかになった時点で、回収不能分を固定資産の減損損失として計上します。

(2) 製品・原材料の評価損

　製品および原材料は、長期間にわたり使用する固定資産とは異なり、短期的に販売することによって資金を回収する資産です。この点、販売しても赤字が見込まれることが明らかになった場合、すなわち正味売却価額が簿価を下回った場合は評価損を計上します。なお、正味売却価額の算定には見積販売直接経費等（販売手数料や物流関連費等）を考慮することに留意が必要です。

評価損の計上が必要となる場合

製品の簿価	＞	正味売却価額＝売価－（見積追加製造原価＋見積販売直接経費）

(3) 従業員の早期退職金

　事業の撤退等による組織の再編の一環として従業員の早期退職を募集することがあります。この場合「事業撤退の意思決定」は損失発生の原因となりますので、従業員が早期退職に応募して、その金額が見積もれるようになった時点で早期退職金（損失）を計上します。

 知っておきたいポイント **3-5**

> 当初の計画において想定していない外部環境の変化が発生し利益計画が下振れした場合でも、固定資産は減損しなければならないのでしょうか

　企業の固定資産への投資は、例えば投資した生産設備により製品を製造・販売することによって得られるキャッシュ・フローによって、その投資額を回収し余剰部分である利益を獲得することを計画して行われます。したがって、計画当初において予想できないほど不確実性の高い外部環境変化ではない限り、当初計画に想定し得る状況変化を織り込んでおく必要があります。しかしながら、当初計画には織り込まれなかった想定外の外部環境変化であっても、それによって投資額に回収不能部分が生じることが判明した場合には、固定資産を減損するか否かのみならず、想定外の環境変化のもと、当該事業を継続するか否かを検討することが企業経営にとって重要なことです。

知っておきたいポイント **3-6**

> 持分法適用関連会社において計上された多額の減損損失（特別損失）は、連結財務諸表において特別損失に計上してもよいでしょうか

　小規模な持分法適用関連会社において、多額の固定資産除却損が特別損失

に計上された場合を想定します。その内容を吟味すると減損損失のようなので、これを連結財務諸表において「持分法による投資損益」に含めたままにするのか、減損損失を切り出して「特別損失」に計上するのか悩む場合があります。

連結財務諸表において、持分法適用関連会社の損益は「持分法による投資利益（損失）」として営業外収益（費用）に表示します（持分法会計基準16項）。また、持分法適用関連会社が計上した減損損失などの臨時的かつ多額になる可能性がある項目についても「持分法による投資損失」に含めることが求められることから（持分法会計基準27項なお書）、原則どおり営業外費用の区分に表示します。

なお、小規模な持分法適用関連会社であっても、連結財務諸表を構成していることから、一般に公正妥当と認められる会計処理が求められます。したがって、今回の減損損失の計上のタイミングが遅かった場合は、過年度の連結財務諸表の訂正をしなければならない可能性もあり、親会社の社会的信頼を損なうことになりかねません。このようなリスクを回避するためにも、親会社としては持分法適用関連会社を含めた関係会社に対する管理・コントロールの体制を構築し、関係会社の特別な事象の発生を注視しておく必要があります。

コラム〉⑧ **事業撤退に伴う適時開示の必要性と開示後発事象の注記への影響**

1. 事業からの撤退に伴う適時開示の必要性

　上場企業の場合、金融市場の公正性と健全性に対する投資家の信頼を確保するために、投資家に対して適切な投資判断材料が提供されることが必要であることから証券取引所における適時開示制度があります。当該適時開示制度によれば、上場企業が事業の一部廃止を決議した場合には、速やかに開示することが求められています。

　開示例としては次のようなものが考えられますが、個々の状況をわかりやすく開示することが重要です。

　当社は、本日開催の取締役会において、エコロジー関連製品事業から撤退することを決議しましたので、下記のとおりお知らせします。

記

1. 撤退する事業

　エコロジー関連製品事業

2. 事業撤退の理由

　○○○○○○○○○

3. エコロジー関連製品事業に属する資産等の取扱い

　当該事業に属する固定資産については、他事業への転用、廃棄、売却を検討しています。

4. 今後の見通し

　当該事業の撤退に伴う業績につきましては、現在精査中であります。

---

2. 開示後発事象の注記への影響

　事業廃止の意思決定が決算日（四半期決算を含む）後であっても、その決算に係る報告書（有価証券報告書、四半期報告書等）の提出前に行われた場合には、開示後発事象として注記への記載の検討が必要です。

　決算日後に発生した会計事象であっても、決算日後の会社の財政状態、経営成績およびキャッシュ・フローの状況に重要な影響を及ぼす場合は、投資家や利害関係者等の的確な判断に資するために、その決算に係る財務諸表に決算日

後に発生した会計事象の概要を注記する必要があります。したがって、事業廃止の意思決定、減損損失の計上のタイミング、後発事象としての開示時期の関連に留意する必要があります。

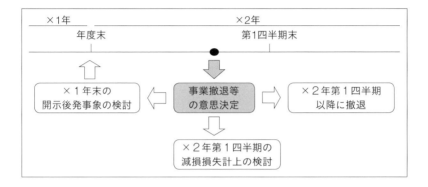

2

事業の撤退や本社移転に伴う
事業構造改善費用

背　景

　当社は、10数年前から液晶テレビやスマートフォンに使用する液晶パネル関連品を国内工場で生産してきました。しかし、液晶パネルのガラス基板サイズの拡大に伴う設備投資を行う資金が追い付かず、また、それ以前の投資の償却負担が大きいことなどから、低価格の海外企業の攻勢に屈することになり販売が低迷しています。その結果、リストラクチャリングとして、当該生産工場を閉鎖すること、および大都市圏に賃借している本社機能を地方都市へ移転することを取締役会で決議しました。

　生産工場に関しては、生産設備の処分等に伴う固定資産の減損損失、従業員の早期退職金、棚卸資産の廃棄、工場の解体費用など、また本社に関しては、賃貸借契約に基づく原状回復費用、早期解約に伴う中途解約違約金、移転費用などの発生が考えられ、これらを一括して事業構造改善費用として計上することを検討しています。

経営者の疑問

　　　　　リストラクチャリングに伴う費用は、実際に処理が完了した時に一括計上することによって、投資家等にわかりやすく説明できると考えています。また、当社としては、工場閉鎖と本社移転は一連のリストラクチャリングのスキームと考えているので、かかる費用や損失は「事業構造改善費用」の科目で一括計上することを検討しています。

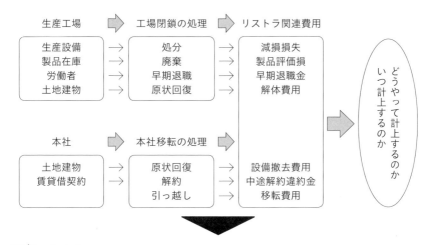

アドバイス

　　　　　企業が行うリストラクチャリングは、環境の変化に伴い事業や組織などを変えていくことであり、固定資産、人員、棚卸資産など多方面に影響するスキームであることから、経営者としてそれらをまとめて対外発表することが多いと考えます。しかし、費用や損失は会計基準の定めにより計上のタイミングが異なり、会社が意図した経営戦略と財務情報が必ずしも一致するとは限りません。

　各種費用や損失は、それぞれの取引の内容に応じた会計基準を適用して会計処理を行うことになります。しかし、会計基準で直接規定されていない費用または損失もあり、その場合は金額の合理的な見積りを行うことができるか否かにより引当金の計上を検討することになります。また、この引当金の計上時期は、リストラクチャリング計画の決定・公表後、その実施前の引当金の認識要件を満たした時点になると考えられるため、個々の取引ごとに検討する必要があり、すべてが同時期に計上できるとは限りません。

　なお、計上科目名については、個々の会計基準に基づいて表示することが原則ですが、損益計算書においては「事業構造改善費用」などの名称で一括して表示している事例も見受けられます。

経営戦略と会計制度のつながり

　企業は株主に対してその成果を報告することが必要であり、そのため企業の業績は、一定期間に区切った事業年度ごとの財務諸表によって開示されます。また、上場企業の場合は、金融市場の公正性と健全性に対する投資家の信頼を確保するために適時に企業の業績が開示されます。これらの企業の財務情報は外部の利害関係者や投資家にとって、企業の活動状況が正しく理解され、かつ他社との比較可能性を容易にすることが重要であることから、当該財務情報は一般に公正妥当と認められた会計基準等に基づいて作成・開示する必要があります。

　会計基準等によれば、費用は「発生主義」により認識され計上することになります。したがって、リストラクチャリングに関する事象がいつの時点で「発生」したか、ということが論点となります。

　ここでいう「発生」とは、「財貨・用役を消費した事実」のことを指し、例えば、製品の販売中止を決定した時（発生）に余剰在庫の評価損を計上（費用計上）したり、生産工場の閉鎖を決定した時（発生）に生産設備の減損損失を計上（費用計上）したりすることとなります。

　企業においては、この発生時点を的確に捉え、費用の計上が先送りされないように注意深く検討することによって、財務情報に対する投資家の信頼を得ることができ、企業価値を高めることにつながると理解することが重要です。

知っておきたいポイント **3-7**

　リストラクチャリングに関連する取引と会計基準の関係について教えてください

　リストラクチャリングに関連する費用・損失項目に対して会計基準の対応は次のとおりです。

取引事象	費用・損失	適用する会計基準
生産工場の閉鎖	固定資産の減損損失	固定資産の減損会計基準
	解体費用	※
早期退職の募集	従業員の早期退職金	退職給付会計基準等によるが個々に検討が必要　※
本社移転	本社移転費用	※
	原状回復費用	資産除去債務会計基準
	中途解約違約金	※
製品の販売中止	棚卸資産の評価損	棚卸資産の評価に関する会計基準

　以上のように適用する会計基準等が存在しているものは、当該会計基準等に基づき会計処理を行いますが、それ以外（※）については、個々に検討が必要となります。その際には「会計制度委員会研究資料第3号『我が国の引当金に関する研究資料』」が参考になります。

知っておきたいポイント 3-8

個別の会計基準が直接定められていない項目は、どのように考えればよいでしょうか

　個別の会計基準が直接定められていない場合は、一般的に引当金の要件に照らして判断するものと考えます（企業会計原則注解18)。

　企業にとって引当金は、すでに発生している費用であることから、それを先送りすることなく、適切な会計期間に計上することによって、適切な財務情報を外部へ発信することができると考えます。また、リストラクチャリング関連の引当金の計上時期は、経営者による意思決定の時期に依存することが多いので、経営者がその時期をみだりに操作するのではなく、事業をどのように展開していくのか、または集約していくのかをスピード感を持って判断していくことが重要です。引当金の計上に関する留意点を説明します。

(1) 引当金の要件

　会計上の引当金は、適正な損益計算の観点から発生主義に基づいて将来の費用または損失として計上されます。その計上要件は次のように規定されています（企業会計原則注解 18）。

引当金の計上要件	
①	将来の特定の費用または損失であること
②	その発生が当期以前の事象に起因していること
③	発生の可能性が高いこと
④	金額の合理的な見積りができること

　以上の要件をすべて満たした場合には、引当金を計上しなければならないことに留意し、それぞれの要件への適用を丁寧に検討することになります。

(2) 一般的な引当金

　事業運営の中で一般的に適用されている引当金の計上要件（前述の①②）を理解することによって、リストラクチャリングにおける引当金の考え方の参考になると考えますので、ここに紹介します。

引当金の種類	引当金の内容と計上要件との関係
貸倒引当金	当期の取引により発生した売上債権等が翌期以降（将来）に貸し倒れるリスクに備えるために損失を見積もって計上する。 ①将来の貸倒損失である ②当期の取引に起因している
賞与引当金	賞与支給対象期間の勤務に対する賃金の後払いであり、その支払いが翌期以降（将来）になった場合に、支給対象期間のうち当期分を見積もって計上する。 ①将来の賞与としての費用的支出である ②当期の勤務期間に起因している
退職給付引当金	勤務期間を通じた労働の提供の対価として退職時に支払われる賃金の後払いであり、勤務期間のうち当期分を見積もって計上する（退職給付会計基準53項）。 ①将来の退職金としての費用的支出である ②当期以前の勤務期間に起因している

　各引当金について、計上要件の「①将来の特定の費用または損失」「②発生が当期以前の事象に起因」は上表に記載のとおりであり、これに「③発生の可能性」「④金額の合理的見積り」の要件を加えて、引当金の計上の要否を判断します。

知っておきたいポイント **3-9**

　一連のリストラクチャリングとして、工場閉鎖や本社移転を実施するにもかかわらず、固定資産、棚卸資産、人件費などの損失計上のタイミングが異なるのはなぜでしょうか

　引当金は要件が満たされた場合には計上しなければならない会計処理です。個別に会計基準が存在していないリストラクチャリングに伴う特有の費用や損失の一般的な計上時期は次のように異なります。

損失項目	発生理由	（原則）計上時期
解体費用	閉鎖する事業所の建物などを解体する	解体が完了した時点
従業員の早期退職金	従業員へ早期退職を募集する	早期退職に応募し退職金額を見積もることできる時点
本社移転費用 （引越費用など）	本社を移転する	移転が行われた時点
中途解約違約金	賃貸借契約の期間が未了の物件を中途解約する	契約を解除し違約金を見積もることができる時点

(1) 解体費用

　解体費用については、解体の方針を決定しただけでは引当金の要件を満たしている場合は少ないと考えられることから、解体作業という役務の提供が完了した時点で計上するものと考えられます。

(2) 従業員の早期退職

リストラクチャリングの一環として従業員の早期退職を募集した場合、将来支出される退職金の発生原因は「リストラクチャリングの決定」ということが考えられますので、この場合、従業員が早期退職に応募して、その金額が見積もることができるようになった時点で損失を計上することになります（退職給付適用指針10項、退職給付制度間の移行等の取扱いQ3Aなお書き）。

早期退職制度に係る割増退職金が引当金の要件を満たすかどうかについては、リストラクチャリング計画の進捗状況に応じて、次のように整理できます。

状況	引当金計上要否	理由
リストラクチャリング計画を決定した	要件を満たさないので計上しない	早期退職制度が従業員へ通知されていないため
早期退職制度の概要が従業員に周知された	要件を満たす場合もある	実行可能性が高まり金額の見積りができるケースもあるため。ただし労使関係等の状況を慎重に検討する。
早期退職の募集が開始されたが、募集期間は終了していない	要件を満たす場合もある	応募人員や金額の合理的な見積りができるケースがある
早期退職の募集期間が終了し応募者が確定した	未払退職金として確定	早期退職者が確定し金額も確定したため

また、これらの状況が決算日後から会社法監査報告書日までの間に発生した場合には、開示後発事象や修正後発事象に該当するか否かについて慎重に検討する必要があります。

(3) 本社移転費用

本社移転に伴う費用は、一般的に移転が行われる前の事象に起因しているとは判断されないことから、移転または閉鎖等の方針を決定しただけでは引当金の要件を満たしている場合は少ないと考えられます（引当金研究資料2(8)【ケース20】）。したがって、移転が行われた時点で計上するものと考えられます。

(4) 中途解約違約金

　リストラクチャリングの一環として、賃貸借契約期間が未了の物件について契約を解除する場合、当該契約の解約条項を満たし、その違約金を合理的に見積もることができる場合に引当金を計上することになります（引当金研究資料 2（8）【ケース 20】）。

 知っておきたいポイント **3-10**

　　事業構造改善費用として各種の損失を一括計上した場合、注記もまとめて記載してよいでしょうか

　事業構造改善費用は、リストラクチャリングによって発生する複数の取引を一括して表示することによって投資家等に企業の事業戦略をわかりやすく説明することができると考えます。しかし、一括して表示していることから、処理内容の詳細が不明瞭になり、他社との比較可能性を損なうことになります。したがって、特別損失に表示した「事業構造改善費用」の内容に関する説明の注記（下図参照）のほかに、固定資産の減損など、それぞれの会計基準によって記載が要求されている注記について開示する必要があります。

※　事業構造改善費用
　当社グループは、収益構造の改善および安定した構造基盤の構築に向けて販売体制の見直しや事業ポートフォリオの再構築など抜本的な経営改革の実現に向けた取り組みを進めており、それらの施策により発生した費用を事業構造改善費用として計上しております。当連結会計年度における事業構造改善費用の内訳は次のとおりです。

	前連結会計年度 （自　2019 年 4 月 1 日 至　2020 年 3 月 31 日）	当連結会計年度 （自　2020 年 4 月 1 日 至　2021 年 3 月 31 日）
減損損失	－百万円	○○百万円
特別退職金	－百万円	○○百万円
中途解約違約金	－百万円	○○百万円

3

業績の変動に伴う税金費用への
思わぬ影響

背 景

　当社は食品サービス業を営んでいる上場企業です。当期は商品の販売
単価の下落や人件費の高騰を受けて業績が悪化し、決算期末を迎えるに
あたって予算を達成することができない状況です。また、翌期以降も業
界全体の回復の見通しが厳しい状況です。当社はここ数年、本業の成果
である営業利益はプラスであり、課税所得も安定的に発生していること
から税務上の繰越欠損金もありませんでしたが、現在および今後の事業
環境に鑑み、翌期からの5ヶ年計画を見直して、売上高を下方修正する
とともに最終利益もほぼゼロに近い状況とする方向で検討しています。

　このような厳しい期末決算を迎える中、監査法人からは、翌期以降の
課税所得の発生見込みが厳しい状況になったので、繰延税金資産の一部
を当期末に取り崩すことの検討依頼がありました。当年度の業績は次の
とおりであり、繰延税金資産を取り崩すと赤字になってしまいます。

	前期	当期見込		修正すると
売上高	10,000	8,000	繰延税金資産の	8,000
売上総利益	4,000	2,800	取り崩しに伴う	2,800
営業利益	1,500	300	法人税等調整額	300
税引前当期純利益	1,000	100	の修正	100
法人税、住民税及び事業税	400	20	⇒	20
法人税等調整額	△100	10		200
当期純利益	700	70		△120

112

　過年度において、将来の税金支払額が減ることを見込んで、繰延税金
資産を計上しました。その結果、計上年度の税金支払い額は減らないの
に、税金費用額（「法人税、住民税及び事業税」と「法人税等調整額」
の合計）が減額され、最終利益が増加することとなり、経理部として経
営陣への説明に苦慮しました。一方、当期になってその繰延税金資産を
取り崩すことによって税金費用を増加させ、最終利益を減少させること
を監査法人から指導され、経営陣に対してどのように説明すればいいか
検討しています。

経営者の疑問

繰延税金資産を「計上する」ことや「取り崩す」ことによって、
法人税等調整額は増減し当期純利益が変動することになります。
支払うべき税金が税金費用として適切に財務諸表に反映されず、事業活動の
結果が適切に開示されないことになるのではないでしょうか。

アドバイス

　　　税効果会計を適用することによる繰延税金資産・負債の計上に伴
い、損益計算書においては「法人税等調整額」が「法人税、住民税
及び事業税」から加減されます。その結果、企業における営業、財
務、その他の事業活動の成果が反映された税引前当期純利益から当期に対応す
る支払税金を控除し、さらにそこから法人税等調整額を加減するため、当期純
利益が歪んでしまうようにも思えます。しかし、支払税金を計算するための法
人税法による課税所得と企業会計上の利益には認識時点の相違等があるため、
もともと税法によって計算された「法人税、住民税及び事業税」は会計上の
「税引前当期純利益」とは期間的に対応していないことになります。

　そこで、「法人税、住民税及び事業税」に「法人税等調整額」を加減すること
を通じて、「税金費用」を「税引前当期純利益」に期間対応させるのが税効果会
計の役割です。

経営戦略と会計制度のつながり

　わが国の会計制度は、金融商品取引法、会社法、税法のトライアングル体制と言われていましたが、近年では金融商品取引法と会社法における会計処理の相違点がほとんどなくなってきたこともあり、あまりトライアングル体制を意識することはなくなりました。しかし、税法においては「課税の公平性」という企業会計とは異なる目的があることから、依然として、会計基準とは異なるルールが残っています。

　企業会計における「収益・費用」と法人税法における「益金・損金」は、それらが計上されるタイミング（認識時点）に相違があるため、会計上の税引前当期純利益と税法上の課税所得も相違します。

　そこで、企業に関する適切な情報を投資家に提供するために、企業会計と税法における収益と費用（益金と損金）の認識時点のずれを調整し、税引前当期純利益と税金費用を合理的に対応させる税効果会計を適用します。

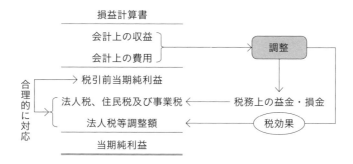

> 税効果会計の適用によって、税引前当期純利益と税金費用が合理的
> に対応する理由を教えてください

　税効果会計の適用によって、「法人税、住民税及び事業税」と「法人税等
調整額」の合計である「税金費用」が「税引前当期純利益」と合理的に対応
する関係を次の設例によって解説します。

〈設例〉

　売上高、税引前当期純利益が同額である2期間を想定します。×1年度に
は棚卸資産評価損が会計上計上され、税務上否認（加算）されています。×
2年度には、棚卸資産を実際に廃棄したことにより税務上認容（減算）され
ました。税率は30％とします。

(1) 税効果会計を適用していない場合

	×1年度	×2年度
売上高	10,000	10,000
棚卸資産評価損	△100	―
売上総利益	3,900	4,000
営業利益	1,500	1,500
税引前当期純利益	1,000	1,000
法人税、住民税及び事業税	※1　330	※2　270
当期純利益	670	730
税負担率	33％	27％

※1：（税引前当期純利益1,000＋評価損加算100）×税率30％＝330
※2：（税引前当期純利益1,000－評価損減算100）×税率30％＝270

(2) 税効果会計を適用している場合

　法定実効税率は30％とします。

	×1年度	×2年度
売上高	10,000	10,000
棚卸資産評価損	△100	―
売上総利益	3,900	4,000
営業利益	1,500	1,500
税引前当期純利益	1,000	1,000
法人税、住民税及び事業税	※1 330	※3 270
法人税等調整額	※2 △30	※4 30
当期純利益	700	700
税負担率	30%	30%

※1：（税引前当期純利益1,000＋評価損加算100）×税率30％＝330
※2：将来減算一時差異（評価損加算分）100×30％＝30
※3：（税引前当期純利益1,000－評価損減算100）×税率30％＝270
※4：前期の繰延税金資産（※2）を取り崩す

(3) 税効果会計適用の効果

　前述（1）のように税効果会計を適用しない場合は、×1年度に会計上費用計上した棚卸資産評価損が税務上否認（加算）されたことによって、税引前当期純利益1,000に対して課税所得が1,100と大きくなりました。一方、×2年度には、×1年度に加算した棚卸資産評価損が税務上認容（減算）されたことによって、税引前当期純利益1,000に対して課税所得は900と小さくなりました。その結果、税金費用は×1年度330、×2年度は270となり、両年度の税引前当期純利益が同額であるにもかかわらず、税金費用負担率は相違し、当期純利益も相違することになりました。

　これに対して税効果会計を適用した（2）の場合は、×1年度に棚卸資産評価損（将来減算一時差異）に税率を乗じた繰延税金資産を計上し、法人税等調整額△30が計上されます。また、×2年度には、当該棚卸資産評価損が税務上認容（減算）されたことに伴い、×1年度の繰延税金資産を取り崩し、法人税等調整額30が計上されました。

　このように、税務上と会計上の差である棚卸資産評価損は将来の税金を減額させる効果（将来減算一時差異）となることから、×2年度の税金を×1

年度に前払いしたと考え、それに係る繰延税金資産を計上し当期の法人税等から控除します。その結果、税金費用は、×1年度300（＝ 330 − 30）、×2年度300（＝ 270 ＋ 30）となり、同額である両年度の税引前当期純利益に対する法人税等調整額を含めた税金費用負担率は同率となり、当期純利益も同額となりました。

💡 知っておきたいポイント 3-12

繰延税金資産と繰延税金負債はどのようなときに計上されるのでしょうか

　会計上の「資産または負債」と税務上の「資産または負債」に差異が生じ、その差異が将来解消するような項目（一時差異）である場合、原則として、当該一時差異に対して繰延税金資産または繰延税金負債が計上されます。

　一時差異の項目としては、税務上では損金に認められない貸倒引当金や賞与引当金などの引当金、また、該当する資産が残っている場合の棚卸資産評価損や投資有価証券評価損などがありますが、後述するように、将来減算一時差異に係る繰延税金資産に関しては「回収可能性」を判断する必要があり、将来減算一時差異に対して、すべて繰延税金資産が計上できるわけではありません。

　また、税務上の繰越欠損金は一時差異ではありませんが、将来に課税所得が発生した際に、それを減額させて税金費用を減らすため、一時差異と同様の効果があるので一時差異に準ずるものとして取り扱います（税効果会計基準第二・一・4）。

　一方、交際費や罰課金、受取配当金の税務上の益金不算入額は、会計上は「費用または収益」として計上されますが、税務上は永久に「損金または益金」に算入されない（永久差異）ため、税務調整（加減算）を行ったとしても、繰延税金資産・負債を計上することはできません。

〈一時差異〉

	×１年度	×２年度
会計上＝	賞与引当金繰入を費用計上	
税務上＝	支払が確定していないため否認　→	賞与を支給したので認容
	加算：賞与引当金	減算：賞与引当金

将来【減算】一時差異　←　課税所得を【減額】させる

〈永久差異〉

	×１年度	×２年度
会計上＝	交際費を費用計上	
税務上＝	交際費の使用を制限するため否認	
	加算：交際費　　　　　　　　　→	将来、減算されることはない

永久差異　←

知っておきたいポイント 3-13

なぜ繰延税金資産の回収可能性を判断する必要があるのでしょうか

　繰延税金資産を計上することによって、会計上の収益・費用と税務上の益金・損金が計上されるタイミング（認識時点）の相違を会計上調整し、税引前当期純利益と税金費用を合理的に対応させることになります。

　繰延税金資産は、税務上加算（否認）した一時差異が、将来減算（認容）されるときに課税所得を減少させ税金負担額を軽減することを前提に計上さ

れます。したがって、将来の税金の減額が見込まれない場合、すなわち、将来に課税所得が十分に生じないため一時差異が残ってしまう場合には、残った一時差異については税金負担額の軽減が見込まれないため、繰延税金資産を計上する前提が成り立たないことになります。

　よって、将来減算一時差異に係る繰延税金資産の額から将来の会計期間において税金負担額の軽減が見込まれない額を除かなければならないために（税効果会計基準第二・二1）、繰延税金資産の回収可能性を判断する必要があります。

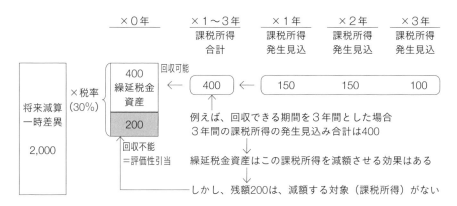

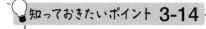知っておきたいポイント **3-14**

　　繰延税金資産の回収可能性はどのように判断するのでしょうか

　将来減算一時差異に係る繰延税金資産の回収可能性は、収益力およびタックスプランニングに基づく課税所得の発生状況や将来加算一時差異の解消見込みに基づいて、将来の税金負担額を軽減する効果を有するかどうかを判断します。その際には、過去の課税所得または税務上の欠損金の推移や将来の業績予測等を考慮して会社を5つに分類し、その分類に応じて回収が見込まれる繰延税金資産の計上額を決定します（回収可能性適用指針6項、15項）。

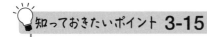

知っておきたいポイント **3-15**

スケジューリング可能・不能な一時差異とは何ですか

スケジューリング不能な一時差異とは、次のいずれかに該当する、税務上の益金または損金の算入時期が明確でない一時差異をいいます（回収可能性適用指針3項（5））。

一時差異の区分	スケジューリング不能一時差異
将来の一定の事実が発生することによって、税務上の益金または損金の算入要件を充足することが見込まれるもの	期末に将来の一定の事実の発生を見込めないもの
企業による将来の一定の行為の実施についての意思決定または実施計画等の存在により、税務上の益金または損金の算入要件を充足することが見込まれるもの	期末に一定の行為の実施についての意思決定または実施計画等が存在しないもの

スケジューリング可能な一時差異とは、前述のスケジューリング不能な一時差異以外の一時差異をいいます（回収可能性適用指針3項（6））。

①スケジューリング可能な一時差異

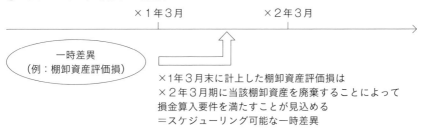

②スケジューリング不能な一時差異

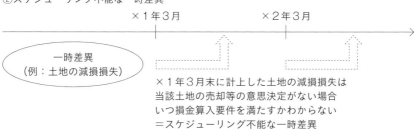

×1年3月末に計上した土地の減損損失は
当該土地の売却等の意思決定がない場合
いつ損金算入要件を満たすかわからない
＝スケジューリング不能な一時差異

知っておきたいポイント **3-16**

繰延税金資産・負債を計算する際の法定実効税率とは何ですか

　繰延税金資産・負債は、会計上の資産・負債の金額と税務上の資産・負債の金額の差額である一時差異に係る税金の額であることから、当該一時差異に税率を乗じて算出します。その税率を法定実効税率といい、次の計算式によって算出されます。

$$\frac{法人税率×(1＋住民税率＋地方法人税率)＋事業税率＋標準事業税率×地方法人特別税率}{1＋事業税率＋標準事業税率×地方法人特別税率}$$

　法定実効税率は、法人税、住民税、事業税の表面税率を用いて算出します。計算式の分母は、事業税が損金算入される効果を考慮しています。
　また、事業税には所得割のほか付加価値割と資本割（外形標準課税）がありますが、これら外形基準による税率は利益に関連する金額を課税標準とする税金ではないため法定実効税率には含めません。

コラム⟩⑨ **繰延税金資産・負債の「発生の主な原因別の内訳」の注記**

　繰延税金資産および繰延税金負債の「発生の主な原因別の内訳」は財務諸表に注記します。また、内訳の中に重要な税務上の繰越欠損金を記載する場合には、次の事項を併せて注記します（財規8条の12第1項1号、3項）。

①繰越期限別の繰越欠損金に法定実効税率を乗じた額
②繰越期限別の繰越欠損金に係る評価性引当額
③繰越期限別の繰越欠損金に係る繰延税金資産の額
④繰越欠損金に係る重要な繰延税金資産を計上している場合には、当該繰延税金資産を回収することが可能と判断した主な理由

　これにより、一時差異の発生要因とその金額、また回収不能な繰延税金資産の金額を投資家へ提供することができます。

	×1年3月31日
繰延税金資産	
貸倒引当金	500
賞与引当金	100
未払事業税	200
退職給付に係る負債	1,500
税務上の繰越欠損金（注）	600
その他	250
繰延税金資産小計	3,150
税務上の繰越欠損金に係る評価性引当額（注）	△ 500
将来減算一時差異等の合計に係る評価性引当額	△ 200
評価性引当額小計	△ 700
繰延税金資産合計	2,450
繰延税金負債	
その他有価証券評価差額金	△ 200
固定資産圧縮記帳積立金	△ 400
繰延税金負債合計	△ 600
繰延税金資産（負債）の純額	1,850

（注）税務上の繰越欠損金およびその繰延税金資産の繰越期限別の合計

	1年以内	1年超 2年以内	2年超 3年以内	3年超 4年以内	4年超 5年以内	5年超	合計
税務上の 繰越欠損金 ※1	－	－	100	－	200	300	600
評価性引当額	－	－	－	－	△ 200	△ 300	△ 500
繰延税金資産	－	－	100	－	－	－	※2 100

※1：税務上の繰越欠損金は、法定実効税率を乗じた額であります。
※2：将来の課税所得の見込みにより、税務上の繰越欠損金の一部を回収可能と判断しております。

第 **4** 章

IR 戦略

　上場企業においては、あらゆる経営戦略について自社の内部だけに公表して実行し、その結果を財務諸表に売上高や利益として計上するだけでは、株価の上昇へ反映されず時価総額の拡大とはならないリスクがあります。経営者は、自社の戦略に対する自らの強い意思、そしてその結果を踏まえた次なる戦略を投資家等へアピールしなければなりません。

　本章では、経営者が実行した経営戦略の成果を、財務諸表を活用して積極的に投資家等へ説明することに役立つように、経営戦略と財務諸表の記載内容に関する会計制度とのつながりを解説しています。

1

ROE重視の経営戦略の必要性

背　景

　　当社は国内の上場企業です。当社連結グループの純資産の部は以下のように推移していて、ここ3年間は同額の当期純利益を計上し、同額の配当を実施していますが、自己資本利益率（自己資本に対する利益の割合＝ROE）が下落しました。

純資産の部	×1年度	×2年度	×3年度
資本金	1,000	1,000	1,000
利益剰余金	1,000	1,350	1,700
株主資本合計	2,000	2,350	2,700
その他有価証券評価差額金	500	600	900
為替換算調整勘定	100	110	200
退職給付に係る調整累計額	△100	△110	△120
その他の包括利益累計額合計	500	600	980
非支配株主持分	100	110	120
純資産合計	2,600	3,060	3,800
親会社株主に帰属する当期純利益	500	500	500
配当（配当性向30%としている）	△150	△150	△150
ROE（自己資本利益率）	××	18.3%	15.1%

（注）ROEの計算における自己資本は期首と期末の平均としている。
　　　自己資本＝純資産－非支配株主持分

$$\mathrm{ROE} = \frac{\text{親会社株主に帰属する当期純利益}}{(\text{期首自己資本}＋\text{期末自己資本})÷2}$$

　最近の株式市場等では ROE が重視されています。ROE は自己資本に対する利益の割合を示す指標ですが、「自己資本」には「株主資本」のほかに「その他の包括利益累計額」、すなわち、投資有価証券の時価評価差額や退職給付債務等の未認識項目（将来の損益項目）、為替換算調整勘定（連結在外子会社等の含み損益）などが含まれていることから、会社経営において短期的にコントロールできるような指標ではないと思っています。

　当社の場合、×2年度と×3年度の当期純利益は同じ 500 であり、配当性向も 30％を維持しながらも、株式市場が好調であり為替相場も円安傾向であったことから、その他有価証券評価差額金や為替換算調整勘定が増加した結果、ROE が 18.3％から 15.1％へと下落したと分析しています。

　当社は、安定した利益を確保し配当性向を維持しているにもかかわらず ROE が下がっていることを、株主や投資家に対して理解してもらうためにはどのような説明が必要なのか検討しています。

経営者の疑問

ROE には、各社の状況や獲得利益に直接関連しない株式市場や為替相場などの外部環境による変動が含まれています。また、毎期一定の利益を計上していますが、それを 100％配当しない限り利益剰余金が増加（＝株主資本が増加）し、ROE が下落する要因になっています。最近において ROE は、企業間比較の共通の尺度となって経営効率が判断され、また、自社の株価へも影響しているように思われます。当社が長期にわたり安定した業績を残している実績や、将来も継続して安定した業績を上げるためにも獲得利益の一部を留保している状況が、適切に投資家等へ理解されていないのではないかと危惧しています。

アドバイス

　　企業は、借入金や社債などの負債と株主資本によって調達した資金等により事業を行い、獲得した利益は株主資本の中の利益剰余金に蓄積され、株主資本が増加（＝自己資本が増加）します。したがって、ROE は自己資本に対する利益の割合であることから、株主の持分に対する利回りを示すことになると言えます。また、利益剰余金は株主への配当源泉となることから、配当能力を示しているとも考えられます。そして、近年では ROE の高い銘柄は株式市場における株価も上昇する傾向にあります。

　このように、現在や将来の株主にとっては、企業の業界や株式市場における位置付けを知り、投資の意思決定に役立てるために企業の財務状況を把握することが重要であり、それは企業間比較が重要なポイントとなります。そのため、ROEのように「率」で表わされる経営指標は、規模の異なる企業間の比較ができることから重視されています。

　一方で、ROE は自己資本に対する利益率であることから、自己資本を増加させずに利益を拡大すれば ROE は上昇します。例えば、事業の拡大投資を留保利益ではなく借入金等の負債によって賄い、支払利息控除後の利益を増加させれば ROE 上昇へのインパクトは大きくなります。

　しかし、負債が多くなることは企業の健全性に関わることから、企業は ROE のみにこだわるのではなく、ROA（総資産利益率＝総資産に対してどれだけの利益を獲得したか）や負債比率（負債÷自己資本＝資金調達を外部借入に依存しすぎていないか）など、自社の特徴や経営方針に見合った指標をバランスよく組み合わせて IR 活動（情報発信活動）をしていくことが大切です。

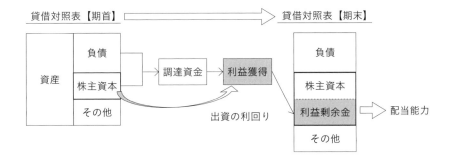

また、獲得利益の一部を留保するのであれば、それは成長に向けた再投資の原資であり、それによる利益の獲得が期待され、利益を毎期成長させないと企業の価値は相対的に下がっているとみられます。このように、企業が中期経営計画等で重視している売上高や利益に対して、投資家は ROE や資本コスト（事業活動の源泉となる資金調達に係るコスト）などの効率性を重視していると考えられます。

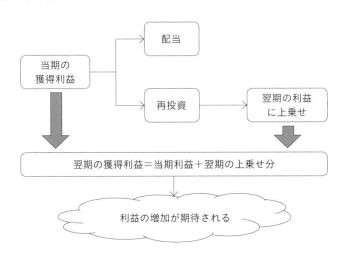

経営戦略と会計制度のつながり

　企業は株主からの出資を基に事業活動を行い、その成果としての利益を出資者である株主に配当という形で還元しています。この観点から考えると、配当性向（利益に対する配当の割合）を高くすることが出資者である株主に評価される指標であるといえます。また、企業は株式市場等において資金調達を行っていることから投資家の要望に応え、株価を上昇させることも必要です。日本企業のROEは欧米に比べて極端に低いと言われ、株価が上がらない理由の1つと考えられています。

　企業の決算状況の開示資料としての有価証券報告書においては、過去5年間のROE（自己資本利益率）が開示されています。このROEは連結財務諸表の場合、次のように計算されます。

$$自己資本利益率 = \frac{親会社株主に帰属する当期純利益}{自己資本 = (純資産 - 新株予約権 - 非支配株主持分)}$$

※分母の自己資本は実務的には期首と期末の平均としています。

　会計上、純資産は、株主の払込資本と利益の留保額に区分する考え方が反映されていましたが、1999年の金融商品会計基準の制定や外貨建会計基準の改正等により、「その他有価証券評価差額金」や「為替換算調整勘定」が純資産に直接計上されることになりました。そして2005年に公表された「貸借対照表の純資産の部の表示に関する会計基準」において、純資産は資産と負債の差額として定義され、新株予約権、非支配株主持分が計上されることとなった結果、従前の純資産と相違することとなりました（純資産会計基準21項）。そのため、自己資本の定義としては、純資産のうち普通株式に関連しない「新株予約権」と「非支配株主持分」は除くことになりました。

　一方、「その他有価証券評価差額金」等の「その他の包括利益累計額」は、

時価評価や為替換算差額など投資家にとって重要な情報であることから、自己資本に含まれたままとなりました。その結果、株式市場の動向や為替相場の変動も事業活動に関わる事象として ROE に影響することになりました。

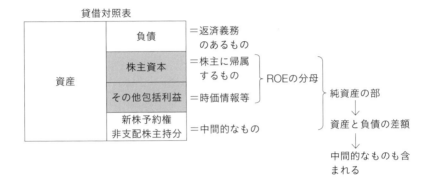

貸借対照表

知っておきたいポイント **4-1**

ROE は日本の株式市場において、どのように評価されていますか

ROE は、企業の自己資本に対してどれだけの収益を獲得したかを示す指標であり、投資の利回りを表していると言われています。したがって、ROE が高い企業ほど株主資本を効率的に使っていると判断されることから、欧米諸国では以前より経営者評価の指標として用いられています。

わが国においても、経済産業省が取り組んだプロジェクトが2014年8月に公表した最終報告書「持続的成長への競争力とインセンティブ～企業と投資家の望ましい関係構築～（伊藤レポート）」においては、会社が中期的に資本コスト（事業活動の源泉となる資金調達に係るコスト）を上回る ROE を上げ続けることによって、さまざまなステークホルダーの価値を高め、長期的な株主価値に結びつくとしています。また、ROE を各種指標（在庫回転日数や EBITDA など）に分解して現場にまで落とし込み、現場の高いモチベーションを引き出すことによって現場力を伴った「日本型 ROE 経営」な

どを提唱しています。

さらに、2014年に3年平均のROEが選定要件の中に組み込まれた「JPX日経インデックス400」が創設されました。これは、資本の効率的活用や投資家を意識した経営観点など、グローバルな投資基準に求められる諸要件を満たした「投資者にとって投資魅力の高い会社」で構成される新しい株価指数としています。

このように、日本の株式市場等においては、あたかも単年度もしくは数年間のROEが低いことが企業の自己資本の投資効率が悪く収益性に問題があるような論調となっていることから、必ずしもROEだけで企業を評価することはできませんが、共通の尺度としてROEが重視されてきていることも事実と言えます。したがって、ROEを高い水準で維持するためには、留保した利益を効率よく再投資し、利益を成長させ続けるための長期的な経営戦略が必要となります。また一方で、ROEのみならず自社の経営形態に即した複数の経営指標をバランスよく組み合わせて経営戦略を検討することも大切です。

 知っておきたいポイント **4-2**

自己資本を構成する要素について教えてください

(1) 純資産の部の構成要素

貸借対照表の負債と資本の区分について、負債は返済義務のあるもの、資本は株主に帰属するものとした場合、両者に該当しない項目の取扱いが問題となります。そこで、資産性または負債性を持つものを「資産の部」または「負債の部」に記載し、これらに該当しないものは資産と負債の差額として「純資産の部」に記載することとし、これにより、貸借対照表が企業の支払い能力などの財政状態をより適切に表示するものと考えられました（純資産会計基準20項、21項）。貸借対照表における純資産の部の表示例は次のとおりです。

連結貸借対照表	個別貸借対照表
純資産の部	純資産の部
Ⅰ．株主資本	Ⅰ．株主資本
1．資本金	1．資本金
2．資本剰余金	2．資本剰余金
3．利益剰余金	3．利益剰余金
4．自己株式	4．自己株式
Ⅱ．その他の包括利益累計額	Ⅱ．評価・換算差額等
1．その他有価証券評価差額金	1．その他有価証券評価差額金
2．繰延ヘッジ損益	2．繰延ヘッジ損益
3．為替換算調整勘定	Ⅲ．新株予約権
4．退職給付に係る調整累計額	
Ⅲ．新株予約権	
Ⅳ．非支配株主持分	

　ROE を算定する際に分母の自己資本に組み入れられる「その他の包括利益累計額」または「評価・換算差額等」について見ていきましょう。

(2) その他の包括利益累計額（評価・換算差額等）の性格

　「その他の包括利益累計額」は、払込資本ではなく、かつ、いまだ当期純利益に含められていない（「未認識の項目」という）ことから、株主資本とは区別して表示しています（純資産会計基準33項）。これらの項目は、事業活動の結果としての資産項目や負債項目を時価や実態等により評価し、そのうち未実現等のため当期純利益を経由することなく純資産に直接計上される項目であり、将来的な損益項目になり得るものです。したがって、投資情報の有用性に鑑み、ROE の計算における分母に含めて、当期純利益と対応させることが適当と考えられています。その他の包括利益累計額の主な項目について説明します。

①その他有価証券評価差額金

　「その他有価証券」とは、子会社株式や関連会社株式のような明確な性格を有する株式ではなく、また、売買目的や満期保有目的といった保有目的が明確に認められない有価証券であり、多様な性格を有している有価証券で

す。このような有価証券については時価で評価する、すなわち含み損益を顕在化することによって、企業の財務活動の実態を適切に財務諸表に反映させ、投資家に対して的確な財務情報を提供することが必要です。一方で、当該有価証券は直ちに売却・換金を行うことは想定されていないので、含み損益（評価差額）を当期の損益として処理することは、期間損益を歪めることにもなり適切でないと考えられることから、損益計算書を経由しないで純資産の部に直接計上しています（金融商品会計基準 75 項～77 項）。

その他有価証券

評価 差額金	⇐	時価 増加分
取得価額		

②繰延ヘッジ損益

　ヘッジ会計の原則的な処理方法における繰延ヘッジ損益は、ヘッジ対象に係る損益が認識されるまで繰り延べられるヘッジ手段に係る損益または時価評価差額です。これは資産性または負債性を有しないことから純資産の部に計上しています（純資産会計基準 23 項）。

③為替換算調整勘定

　為替換算調整勘定は、在外子会社等の財政状態とは無関係に在外子会社等の貸借対照表項目の円貨への換算手続の結果発生する在外子会社等への投資に係る為替の含み損益を示す項目です（外貨建取引実務指針 75 項）。通常、在外子会社は直ちに売却や清算が予定されていないので、前述の「その他有価証券評価差額金」と同様、為替換算調整勘定の変動を当期の損益として処理することは適切でないと考えられることから純資産の部に直接計上しています（外貨建会計基準改定意見書二 3）。

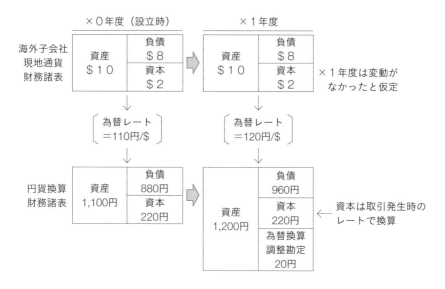

④退職給付に係る調整累計額（個別財務諸表では当面適用しない）

退職給付に係る負債を計算するにあたり、見積計算基礎率（割引率、昇給率、退職率など）を使って計算した予想の退職給付債務や期待運用収益率によって計算した予想の年金資産と実績との差異を「数理計算上の差異」といいます。これを翌期以降に償却する場合、当期の損益に計上されない「未認識の数理計算上の差異」は、「退職給付に係る負債」に含めて貸借対照表に計上することによって、財務諸表利用者の理解を助けることになると考えています（退職給付会計基準 55 項）。当該未認識項目は、当期の損益計算に計上されないことから、「退職給付に係る調整累計額」として純資産の部に直接計上しています。

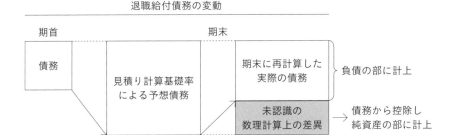

退職給付債務の変動

期首 ── 期末

債務

見積り計算基礎率
による予想債務

期末に再計算した
実際の債務 → 負債の部に計上

未認識の
数理計算上の差異 → 債務から控除し
純資産の部に計上

(3) 新株予約権

　新株予約権は、株主とは異なる新株予約権者との直接的な取引によるものであることから、親会社株主に帰属するものではないとされ、ROEの計算における自己資本には含まれていません。

(4) 非支配株主持分

　非支配株主持分は、子会社の資本のうち親会社に帰属していない持分であることから、ROEの計算における自己資本には含まれていません。

知っておきたいポイント 4-3

過小資本の会社のROEの考え方を教えてください

　過小資本の会社の場合は自己資本が小さくなるため、結果的にROEが高く算出されてしまうことがあります。したがって、このような企業を規模の大きい企業と比較する場合は、1つの経営指標だけではなく複数の経営指標を使用して判断することが重要です。例えば、負債が多く自己資本が少ない場合にROEが高くなりますが、ROA（総資産利益率＝総資産に対してどれだけの利益を獲得したか）により比較すれば、分母が総資産になることから、負債と資本のバランスに着目できることになります。このように、複数の指標を組み合わせて評価することによって、過小資本の会社を適切に評価

することが考えられます。

獲得した利益を留保すると ROE にどのような影響がありますか

(1) ROE と利益との関連性

　企業が獲得した利益は利益剰余金に留保され自己資本を構成することから、毎期同額の利益を獲得した場合、自己資本が増加するため ROE は減少していく傾向にあります。一方企業は株主に対して配当するので、それによって自己資本は減少します。この結果、毎期の利益が同額で配当性向が100%の場合に ROE は毎期同じになります。しかし、多くの企業は獲得利益のうち将来の投資資金として一部を内部留保するため、毎期利益が同額であっても自己資本は増加することになり、それを上回る利益の増加がないと ROE は減少することになります。次の設例により獲得利益と配当の関係に伴う ROE の変動を見てみましょう。

(2) 設例

　資本金 500、利益剰余金 100 の会社が毎期 100 の当期純利益を計上した場合において、次の 3 つの配当パターンによる ROE の変動を計算します。

①配当しない場合

	×1年			×2年			×3年
資本金	500			500			500
利益剰余金	100	利益	100	200	利益	100	300
		配当	0		配当	0	
自己資本計	600			700			800
	ROE	$\dfrac{100}{(600+700)\div2}$ =15.4%			$\dfrac{100}{(700+800)\div2}$ = 13.3%		

→当期純利益が同じ 100 であっても、ROE は 15.4%から 13.3%に減少します。

②配当性向 100%の場合

	×1年			×2年			×3年
資本金	500			500			500
利益剰余金	100	利益	100	100	利益	100	100
		配当	△100		配当	△100	
自己資本計	600			600			600

$$\text{ROE} \quad \frac{100}{(600+600) \div 2} = 16.7\% \qquad \frac{100}{(600+600) \div 2} = 16.7\%$$

→ ROE は 16.7%で同率になります。

③配当性向 50%の場合で ROE を同率にするための当期純利益の増加額

	×1年			×2年			×3年
資本金	500			500			500
利益剰余金	100	利益	100	150	利益	109	209
		配当	△50		配当	△50	
自己資本計	600			650			709

$$\text{ROE} \quad \frac{100}{(600+650) \div 2} = 16.0\% \qquad \frac{109}{(650+709) \div 2} = 16.0\%$$

→ ROE を同率にするためには、当期純利益 100 を 109 へ 9%増加させなければなりません。

(3) 考察

　毎期同額の当期純利益を獲得しても、②のケースのように全額配当しない限り ROE は維持できません。また、配当性向 50%の場合では、③のケースのように当期純利益を 9%増加させなければ ROE は維持できません。

　このように、短期的に ROE の上下をみるのであれば、配当方針や利益計

画を毎期微妙に調整しなければならなくなります。しかし、企業は長期にわたり継続していくことを前提に事業が行われているので、高額な配当を望む投資家やキャピタルゲインを求める投資家などに対して、安定した配当方針と留保利益の再投資により長期的な成長による企業価値の向上をバランスよくコントロールしていくことが重要です。そのため企業としては、短期的なROEの上下に惑わされることなく、しっかりとした中長期の経営計画を策定し、長期的な ROE の上昇を目指すことが大切です。

2

包括利益と当期純利益の
違いと関係

背　景

　当社は従前より持合株式を多額に保有しており、また連結グループには
海外子会社を有していることから、株価変動や為替変動の影響を受けてい
ます。その変動に関して、株式については期末の時価と簿価の差額を「そ
の他有価証券評価差額金」として、また為替変動については、海外子会社
の財務諸表の期末換算差額を「為替換算調整勘定」として、純資産の部の
「その他の包括利益累計額」に計上し企業の実態評価を開示しています。
現在では、連結財務諸表において「包括利益」という概念が導入され、「株
価や為替の変動を当期純利益に加えた利益」という表現で開示しています。
　当社の直近 2 期間の連結業績は次のとおりであり、当期純利益に変動
はありませんが、包括利益は 400（33%）減少しています。この「当期
純利益」と「包括利益」の関係をどのように捉え、どのように IR 活動を
していくのか検討しています。

〈連結損益計算書〉

	×1年3月期	×2年3月期	増減
売上高	25,000	25,000	－
営業利益	3,000	3,000	－
当期純利益	1,000	1,000	－
非支配株主利益 ※	200	200	－
親会社当期純利益 ※	800	800	－

※「親会社当期純利益」は「親会社株主に帰属する当期純利益」を、「非支配株主利益」は「非支
　配株主に帰属する当期純利益」を指し、以後同様に記載します。

〈連結包括利益計算書〉

	×1年3月期	×2年3月期	増減
当期純利益	1,000	1,000	―
その他の包括利益			
その他有価証券評価差額金	100	△100	△200
為替換算調整勘定	100	△100	△200
その他の包括利益合計	200	△200	△400
包括利益	1,200	800	△400

経営者の疑問

包括利益には、その他有価証券評価差額金や為替換算調整勘定の変動が含まれていますが、それらは株式市場や為替相場の変動によるものであり、企業の本質的な営業活動によってコントロールできないものです。営業活動の結果は、親会社当期純利益として報告され、投資家等も当該利益を根拠にした ROE（自己資本利益率）を重視していると考えています。したがって、「当期純利益」に「その他の包括利益」を加減した「包括利益」は、どのような意味を持ち、どのような企業価値を測定するために使われるのか、社内で混乱しています。

アドバイス

包括利益を開示する目的は、期中に認識された取引および経済事象（資本取引を除く）により生じた「純資産の変動」を報告することです。企業において、期中に行われる取引は、営業活動だけではなく、金利、為替、株式の取引といった重要な経済活動も含まれます。したがって、営業活動の結果としての当期利益のみならずその他の経済活動の結果も含めて開示することで、企業の資産がさらされているリスク情報が明らかになると考えます。

このように、包括利益を開示することにより、投資家等の財務諸表利用者が企業全体の活動状況の検討に役立つことが期待されるとともに、貸借対照表に

おける純資産の変動額（資本取引を除く）と損益計算書の当期純利益が一致するという「クリーン・サープラス」の関係（後述の💡**知っておきたいポイント 4-5**（2）②参照）に基づき、貸借対照表との連携を明示することを通じて、財務諸表の理解可能性と比較可能性を高めるものと考えられます。

　また、貴社のように、持合株式が多い会社は、損益計算における純利益に比べて包括利益の変動が大きくなるという特徴がありますので、当期純利益と包括利益のギャップを注視することにより、保有株式の市場価格変動リスクをすばやく把握することも重要な経営戦略であると考えます。

経営戦略と会計制度のつながり

　企業活動の成果としての情報開示において、特に重要なものは投資の成果を表す利益情報であると考えられています。その中で当期純利益は、企業価値を評価する際の基礎となる将来キャッシュ・フローの予測に広く用いられる等、投資活動において利用することから重視されています。

　企業会計では、損益計算書の当期純利益が貸借対照表の純資産の増減となり、増資等の資本取引を除けば、純資産の増減と当期純利益は同額になるという原則がありました（クリーン・サープラス）。しかし、1999年の金融商品会計基準の制定や外貨建取引会計基準の改正等により、資産・負債の期末の時価評価における差額を損益計算書の当期純利益を経由しないで純資産の部に直接計上する考え方が採用されました。この結果、前述の「純資産の増減＝当期純利益」という関係は崩れてしまいました。

　金融商品会計基準の制定等において金融資産は、一般的に市場が存在すること等により客観的な価値としての時価を把握することができることから、当該時価により換金・決済等を行うことが可能であると考えました。

　したがって、客観的な時価の測定可能性が認められないものを除き、時価による自由な換金・決済等が可能な金融資産については、投資情報としても、企業の財務認識としても、さらに、国際的調和の観点からも、これを時

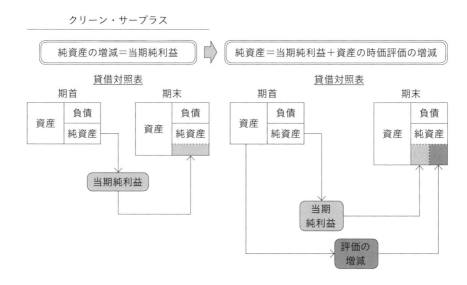

価評価し適切に財務諸表に反映することが必要であると考えられました。

　一方で、金融資産の属性および保有目的に鑑み、実質的に価格変動リスクを認める必要のない場合や直ちに売買・換金を行うことに事業遂行上等の制約がある場合が考えられます。したがって、このような保有目的等をまったく考慮せずに時価評価を行うことが、必ずしも企業の財政状態および経営成績を適切に財務諸表に反映させることにならないと考えられることから、時価評価を基本としつつ保有目的に応じた処理方法を定めることが適当であると考えられました（金融商品会計基準64項～66項）。　このようなことから、金融資産等の時価評価差額を資本に直入する場合が生じたため、資本取引以外の純資産の増減を反映させた「包括利益」という概念により、「純資産の増減＝包括利益」という関係を維持しました。

　また、資本取引を除けば包括利益が貸借対照表の純資産の変動と一致しますが、その包括利益は、本業で獲得した利益のほかに企業の持つ含み損益の変動、すなわち将来予測の一端を表していると考えられます。

　このように包括利益を表示することにより、企業は自らの営業活動のみならず、企業を取り巻く経済環境の変動、さらには企業が抱えている含み損益

も含めて、企業の全体的な実態を投資家等へ開示することができます。なお、包括利益の表示の導入は、包括利益を企業活動に関する最も重要な指標として位置付けることを意味するものではないことから、企業活動の成果についての情報の全体的な有用性を高めるためには、当期純利益に関する情報と併せて利用することが有用と考えます（包括利益会計基準22項）。

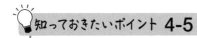

知っておきたいポイント **4-5**

包括利益について教えてください

(1) 包括利益は連結財務諸表のみに開示される

「包括利益の表示に関する会計基準」は当面の間、個別財務諸表には適用せず、連結財務諸表のみに適用します（包括利益会計基準16-2項）。また、会社法の連結計算書類においては、包括利益計算書の開示は求められていません。

(2) 包括利益の会計上の定義

「包括利益」とは、ある企業の特定期間の財務諸表において認識された純資産の変動額のうち、当該企業の純資産に対する持分所有者との直接的な取引によらない部分と定義されています（包括利益会計基準4項）。すなわち、資本取引を除いた純資産の増減が包括利益といえます。また、「その他の包括利益」とは、包括利益のうち当期純利益に含まれない部分をいいます（包括利益会計基準5項）。包括利益と連結損益計算書における当期純利益は次のような関係になります。

包括利益＝当期純利益＋その他の包括利益

(3) 包括利益を表示するメリット

①投資家等への有用な情報の提供

　包括利益の表示によって提供される情報は、投資家等の財務諸表利用者が企業全体の事業活動を検討する際に役立つことが期待されています。投資家が自己責任に基づいて投資判断を行うためには、企業が金融資産の時価評価を導入して財務活動の実態を適切に財務諸表に反映させ、投資家に対して的確な財務情報を提供することが必要です（金融商品会計基準64項）。そのため、1つには、保有している投資有価証券を時価評価した際の差額である「その他有価証券評価差額金」は、純資産の部に直接計上されます。

②クリーン・サープラス関係の維持

　貸借対照表における純資産の変動額（資本取引を除く）と損益計算書の当期純利益が一致しているという「クリーン・サープラス」の関係に基づき、貸借対照表との連携を明示することを通じて、財務諸表の理解可能性と比較可能性が高まると考えられます。この連携とは、連結損益計算書における「親会社株主に帰属する当期純利益」と連結貸借対照表における「利益剰余金」の増減が等しくなる関係および連結包括利益計算書の「その他の包括利益」と連結貸借対照表の「その他の包括利益累計額」の増減（資本取引における増減を除く）が等しくなる関係を意味しています。

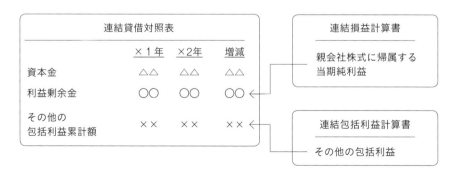

(4) その他の包括利益の内訳表示

「その他の包括利益」は、その内容に区分して表示します。連結包括利益計算書の表示例を示すと次のようになります。

連結包括利益計算書	
当期純利益	2,000
その他の包括利益	
その他有価証券評価差額金	500
繰延ヘッジ損益	100
為替換算調整勘定	△200
退職給付に係る調整額	150
持分法適用会社に対する持分相当額	100
その他の包括利益合計	650
包括利益	2,650
(内訳)	
親会社株式に係る包括利益	2,300
非支配株主に係る包括利益	350

知っておきたいポイント 4-6

包括利益から資本取引を除くのは、なぜですか

企業会計原則の一般原則には、資本取引と損益取引を明瞭に区分することが求められています（企業会計原則三）。企業の利益獲得を目的とした活動において、資本は利益獲得のために出資者が拠出した元本であり、一定期間に返済する借入金とは異なり、返済不要（維持拘束性）を特質としています。したがって、企業活動の成果としての利益は、出資者以外の源泉からの取引およびその他の事象や環境要因から生じる一期間の企業の持分の変動（利益剰余金の増減）であるのに対して、資本取引は利益獲得のための元本の増減であることから包括利益には含まれないことになります。

利益の二重計上を避けるための組替調整とは何ですか

　組替調整とは、当期または過去の期間に「その他の包括利益」として計上されていた未実現の項目が、その後に実現した場合に損益計算書の当期純利益に振り替える処理をいいます。例えば、保有している有価証券の期末時価評価差額の増減が過年度の包括利益に計上されていた場合、それは未実現項目ですが、その有価証券を当期に売却したときに実現損益として連結損益計算書に計上します。したがって、この関係を明確にするために、会計基準においては、当該組替調整額を「その他の包括利益」の内訳項目ごとに注記することを求めています（包括利益会計基準 9 項）。

　これは、包括利益を企業活動に関する最も重要な指標として位置付けているのではなく、当期純利益に関する情報と併せて利用することにより、企業

〈前提条件〉
- ×1年度：投資有価証券の評価差額100があった。
- ×2年度：投資有価証券をすべて売却した。
　　　　　時価の変動はない(当期発生はゼロ)。
　　　　　売却益100は損益計算書に計上された。
- 税金費用は無視する。

その他の包括利益が減少したようにみえるので、注記により当期の発生額はなく、組替調整によって減少していることを明確にしている。

活動の成果についての情報の全体的な有用性を高めることを目的としているためです。したがって、過年度に計上した未実現の「その他の包括利益」と、それが実現した期の損益計算書の当期純利益において利益の二重計上となることを避けるために組替調整の処理を行い、当該組替調整額を注記することによって、その他の包括利益の内訳項目の分析を容易にしています（包括利益会計基準22項、30項）。組替調整の注記については **コラム＞⑩** をご参照ください。

知っておきたいポイント **4-8**

包括利益は、なぜ連結財務諸表のみで開示するのでしょうか

　包括利益を個別財務諸表においても開示すべきという意見もありますが、次のような点（「単体財務諸表に関する検討会議」報告書2（4））を整理することなく、個別財務諸表において包括利益を表示することは時期尚早であると考え、当面の間、個別財務諸表には適用しないことになりました（包括利益会計基準16-2項、39-2項、39-3項）。

①包括利益の問題については、表示の問題にとどまらず、組替調整（リサイクリング）や利益概念の問題と密接に関係している。すなわち、国際財務報告基準（IFRS）では、「その他の包括利益」におけるノンリサイクル処理など、当期純利益の内容が変質してきている可能性があり、リサイクリングの問題の整理も重要である。

② IFRS とのコンバージェンス（歩み寄り）という意味では、すでに連結財務諸表において方向性が明確にされていることから問題はなく、当面は、連結先行で議論を深めていくべきはないかと考える。

③リスクのある資産を可視化するツールとして包括利益は意味があるが、投資家の視点から、「包括利益」および「その他の包括利益」がどのような意味を持つのかを十分に議論する必要がある。

④フランスやドイツでは、IFRS とのコンバージェンスを進めつつも、自

国基準では包括利益の開示を求めていない。これらの理由を、明確に把
握し参考にすべきである。

⑤当期純利益を重視する観点から単体財務諸表におけるリサイクリングは
維持すべきであり、それを前提として、単体財務諸表では任意適用を認
めることが考えられる。

⑥投資家に対する情報提供の観点からは、単体財務諸表においては注記を
行うことも考えられる。

⑦包括利益の表示は、当期純利益の計算方法を変更するものではなく、連
結財務諸表と同様に、貸借対照表との連携やリスク変動情報の充実を図
る観点から、個別財務諸表での包括利益の表示は有用であると考える。

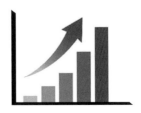

コラム ⑩ 組替調整

保有している有価証券の時価の変動およびその後の売却に伴う会計処理について見てみましょう。

〈前提条件〉

- その他有価証券としてA社株式（取得価額 @100 × 10株＝1,000）を保有している。
- ×1年末に時価が @150 × 10株＝1,500 となった。
- ×2年期中に半分を @120 × 5株＝600で売却し、売却益100を計上した。
- ×2年末に時価が @110 × 5株＝550となった。
- 税効果は考慮しない。
- 評価差額の増減内容は次のとおり。

	取得価額	期中変動	×1年末	期中変動	売却時	期中変動	×2年末
売却分	500	250	750	△150	△600	－	0
保有分	500	250	750	－	－	△200	550
計	1,000	500	1,500	△150	△600	△200	550
包括利益			→500			→△350	

①**連結包括利益計算書**

	×1年末	×2年末
その他の包括利益		
その他有価証券評価差額金	500	△450

②**組替調整の注記**

	×1年末	×2年末	
その他の包括利益			
その他有価証券評価差額金			
当期発生額	500	△350	※2
組替調整額	－	△100	※1
税効果調整前	500	△450	
税効果額	－	－	
その他の包括利益合計額	500	△450	

※1：時価で売却したため、時価＝売却額となり、売却益600－500＝100が計上された
※2：売却分株式の売却時までの時価変動（@120－@150）×5株＝△150と、保有分株式の×2年末までの時価変動（@110－@150）×5株＝△200の合計

3

保有している有価証券の
貸借対照表計上額の相違

背　景

　新型コロナウイルス感染症が世界的に蔓延したことにより、史上例を
みない都市封鎖が世界各国で長期にわたり実施され、世界経済は大幅に
縮小しています。わが国においても、緊急事態宣言のもと外出自粛や飲
食店舗等への休業・時短要請があり、経済が相当程度停滞していること
から株式市場も下落傾向にあります。

　このような経済環境の中で決算を迎えた当社も、他の多くの企業と同
様に業績予想を下回る結果となりそうです。また、当社が保有している
有価証券は、連結グループの一翼を担っている非上場子会社 A 社の株
式、満期時点で額面金額が確実に回収できる上場会社 B 社の社債、そし
て取引先である上場会社 C 社の株式です。それぞれの有価証券の期末に
おける個別の貸借対照表計上額をみると、A 社株式は取得価額と同額で
あるものの、B 社社債は取得価額を上回っており、C 社株式は取得価額
を下回る金額となっています。

　過去に投資したそれぞれの有価証券の発行会社が直面している現在の
経済悪化の状況に差はありませんが、前述のように期末の貸借対照表計上
上額の傾向に相違があります。

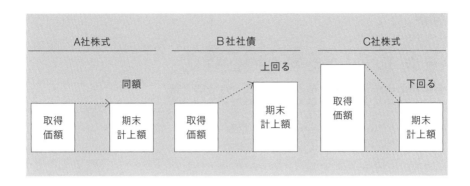

経営者の疑問

当社が保有している3種類の有価証券は、それぞれに投資戦略は異なりますが、当期末における株式市場の下落傾向という経済環境が同じでありながら、貸借対照表計上額が取得価額を上回ったり下回ったりしているのはなぜでしょうか。また、取得価額と貸借対照表計上額との差額は、利益に影響するのでしょうか。

アドバイス

一般的に有価証券は、市場が存在すること等により時価を把握し、当該時価により換金・決済等を行うことができます。したがって、有価証券は期末において時価評価し適切に財務諸表に反映することが求められています。しかし、経営者の保有意思によっては、有価証券を期末時点の時価で評価して財務諸表に反映させることが、企業の実態に即していない場合も考えられます。

そこで、有価証券は経営者の保有目的によって区分され、その保有目的ごとに、また有価証券の種類ごとに評価および会計処理の方法が異なって定められています。

したがって、貴社の場合、連結グループにおいて重要な事業を営んでいる子会社A社への株式投資は、一般的な事業への投資と同じく時価の変動を財務活動の成果と捉えないことから取得原価のままで評価しています。なお、連結子

会社の事業活動の成果は、連結財務諸表に反映されることになります。

　また、B社の社債は、額面より安く購入し、満期まで保有することで約定利息および額面金額を受け取ることを目的としていることから、取得価額を額面金額まで年々近づけていく処理をしているため、取得価額を上回った金額が貸借対照表に計上されています。

　そして、C社株式は、上場していることから株式市場においていつでも売却し換金することができますが、近々売却するから時価、当面売却しないから取得原価というように、会社の意思に任せると恣意的な操作にもなることから「その他有価証券」として時価で評価します。当期は株式市場が下落しているため、取得価額を下回った金額が貸借対照表に計上されています。

　なお、それぞれの評価差額についても異なった処理が定められていて、B社社債の場合、当該差額は金利の調整と考えられることから営業外収益に計上され損益計算に影響しますが、C社株式の場合は、すぐに売却するとは限らないことから純資産の部に計上されますので損益計算には影響しません。

　このように、同じ有価証券でも何のために保有しているのか、という保有目的に合わせた会計処理を行うことが、企業活動の成果の実態を財務諸表に反映することになると考えています。

経営戦略と会計制度のつながり

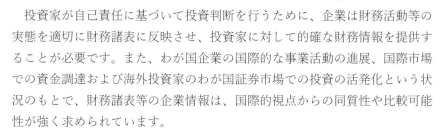

　投資家が自己責任に基づいて投資判断を行うために、企業は財務活動等の実態を適切に財務諸表に反映させ、投資家に対して的確な財務情報を提供することが必要です。また、わが国企業の国際的な事業活動の進展、国際市場での資金調達および海外投資家のわが国証券市場での投資の活発化という状況のもとで、財務諸表等の企業情報は、国際的視点からの同質性や比較可能性が強く求められています。

　一方、企業にとっても有価証券に係る取引の実態を反映させる会計処理は、取引内容の十分な把握、含み損失が顕在化するなどのリスク管理の徹底

および財務活動の成果の的確な把握のためにも必要となります。

　一般的には市場が存在することにより客観的な価格として時価が把握でき、当該価格により換金・決済等を行うことができる有価証券は時価評価することが求められます。しかし、有価証券の属性およびその保有目的によっては、実質的に価格変動リスクが認められない場合（例えば、満期まで保有することで利息や元本の受取りによるインカムゲインの獲得を目的としているもの）や売買・換金を行うことが事業の遂行上から制約される場合（例えば、子会社や関連会社のように他の企業の支配や影響力の行使を目的としているもの）も考えられます。

　このような保有目的等をまったく考慮せずに時価評価を行うことが、必ずしも企業の財政状態および経営成績を適切に財務諸表に反映させることにはならないと考えられることから、時価評価を基本としつつ保有目的に応じた会計処理方法を定めることが適当と考えられています（金融商品実務指針64項）。

 知っておきたいポイント **4-9**

保有目的による有価証券の区分はどのようにするのでしょうか

　企業において有価証券の取得は、経営者の保有意図に基づいて行われるため、有価証券の取得時にその保有目的は決定されていると考えられます。その投資意思に基づいて、会計基準では有価証券の保有目的を次のように分類しています（金融商品会計基準15項〜18項）。

保有目的による区分	定義
売買目的有価証券	時価の変動により利益を得ることを目的として保有する有価証券
満期保有目的の債券	満期まで所有する意図をもって保有する社債その他の債券
子会社株式および関連会社株式	子会社株式および関連会社株式
その他有価証券	上記以外の有価証券

知っておきたいポイント 4-10

有価証券の保有区分の分類要件を教えてください

　有価証券の保有区分により会計処理が異なり、場合によっては財務情報に影響を及ぼすことから、意図的であるか否かにかかわらず、取得時にその保有目的に基づいて分類された有価証券は、取得後においても継続してその保有区分の要件を満たしていることが必要であり、各保有目的区分の定義・要件に反する取引事実が認められた場合には、分類の見直しが必要になります（金融商品実務指針263項）。分類の要件は、会計基準において次のように定められています。

(1) 売買目的有価証券
①分類の要件（金融商品実務指針65項）
- 有価証券の売買を業としていることが定款の上から明らかであり、かつ、トレーディング業務を日常的に遂行し得る人材から構成された独立の専門部署によって売買目的有価証券が保管・運用されていること
- 一方で、定款上の記載や明確な独立部署をもたなくても、有価証券の売買を頻繁に繰り返している場合には該当する

②背景
　企業が、時価の変動による価格差に基づいた利益を得るために有価証券を取得する目的には、中長期的な値上がりを見込んでいる場合も考えられますが、ここでは、取得後、主として短期間の価格の変動に基づいて利益を獲得するために保有する有価証券を「売買目的有価証券」としています。したがって、一般的なトレーディング取引の性格から、同一銘柄の有価証券の売買が繰り返されることを想定していますが、相場の変動等によっては単発的な取引として売買が行われることもあり得ると考えられます。
　また、売買目的有価証券は、売却することについて事業遂行上等の制約が

ないものと考えられていますが、経営者の意図だけでいつでも売却可能であることを判定することは恣意的になる可能性があるため、独立の専門部署によってトレーディングが行われているという外形的な状況を備えることが望ましいものと考えています。

　他方、独立部署を有していなくとも、有価証券を短期的に頻繁に売買し、売却益を目的とする大量の取引を行っていると認められる客観的状況を備えている場合にも、当該有価証券は売買目的有価証券に区分します（金融商品実務指針 268 項）。

(2) 満期保有目的の債券

①分類の要件

- あらかじめ償還日が定められていて、かつ、額面金額による償還が予定されていること
  - ➡ 償還日において額面金額による償還が確実に見込まれることが必要なので、債券の発行者が元本の償還および利息の支払いに関して支障をきたすおそれがある場合には、要件を満たさないことに注意が必要です（金融商品 Q & A22）。
- 企業が償還期限まで所有するという積極的な意思とその能力に基づいて保有すること
  - ➡ 保有期間が漠然と長期であると想定し保有期間をあらかじめ決めていない場合、または市場金利や為替相場の変動等の将来の不確定要因の発生いかんによっては売却が予測される場合には、満期まで所有する意思があるとは認められません。
  - ➡ 満期までの資金繰り計画等からみて、または法律等の障害により継続的な保有が困難と判断される場合には、満期まで所有する能力があるとは認められません。

　なお、満期まで所有する意図は取得時点において判断すべきものであり、いったん、他の保有目的で取得した債券について、その後保有目的を変更して満期保有目的の債券に振り替えることは認められません（金融商品実務指

針68項、69項)。

②背景

　債券も株式と同様に本来は価格変動リスクを負っていますが、満期まで所有する意図をもって保有する債券については、満期までの金利の変動による価格変動のリスクにさらされることがないことから、取得原価をもって貸借対照表価額としています。このため、「満期まで所有する積極的な意思」という主観的な要件だけでなく、「満期まで所有する能力」という外形的な要件も必要であるとしています。

　なお、安易に満期保有目的の債券に分類することによって時価評価から逃れることを抑止するため、満期保有目的の要件は債券の取得時点に備えていることが必要であり、他の保有目的で取得した債券について、例えば、時価が下落して評価損が発生したことを理由に、満期保有目的の債券へ振り替えることは認められません（金融商品実務指針273項）。

(3) その他有価証券

　その他有価証券は、売買目的有価証券、満期保有目的の債券、子会社株式および関連会社株式以外の有価証券をいいます。その中には、長期的な時価の変動により利益を得ることを目的として保有する有価証券や業務提携等の目的で保有する有価証券が含まれることになるので、その他有価証券は長期的には売却することが想定される有価証券といえます（金融商品実務指針72項）。

知っておきたいポイント **4-11**

保有目的区分ごとの会計処理を教えてください

　有価証券は経営者が目的を持って保有するものであり、その目的に合致した結果（効果）が期待されています。したがって、その保有目的に基づいた会計処理が行われ、その実態が財務諸表に計上（表現）される必要があります。保有目的ごとの会計処理は、会計基準において次のように定められています。

(1) 売買目的有価証券

背景
①売買目的有価証券は、売買して時価の変動によるキャピタルゲインの獲得を目的として保有しているため、投資の成果を表すのは期末の時価であると考えている（金融商品会計基準70項）。 ②売買目的有価証券の時価の変動（評価差額）は、実現したものではないが、その発生した期間における企業の財務活動の成果を表すものであり、実現の要件をほぼ満たすものであるため、実現損益に準ずる性格のものとして当期純損益に含める（金融商品実務指針270項）。

評価方法
時価

評価差額の処理
当期の損益

(2) 満期保有目的の債券

背景
①満期まで保有することにより約定利息および元本の受け取りを目的とし、満期までの間の金利変動による価格変動リスクを認める必要がないことから、一定の要件のもと、原則として償却原価法で評価する。それ以外は取得原価で評価する（金融商品会計基準16項、71項）。 ②債券を満期まで保有することにより、債券の保有に伴うキャッシュ・フローをあらかじめ確定させようとする企業の合理的な投資行動を時価評価の例外的な取扱いとして認めている（金融商品実務指針273項）。

評価方法
①償却原価　※ ②取得原価

評価差額の処理
①当期の損益

※償却原価法については コラム▶⑪ をご参照ください。

(3) 子会社株式および関連会社株式

背景
他の企業の支配や影響力の行使を目的として保有しているため、時価の変動が投資の成果を表すわけではないと考え取得原価で評価する（金融商品会計基準73項、74項）。

評価方法
取得原価

(4) その他有価証券

背景
①その他有価証券は、業務上の関係を有する企業の株式等から市場動向によっては売却を想定している有価証券まで多様な性格を有しているため、「売買目的有価証券」と「子会社株式および関連会社株式」の中間的な性格を有するものとして時価で評価する（金融商品会計基準75項、76項）。 ②その他有価証券は、売買目的有価証券のように直ちに売買・換金を行うことには事業遂行上の制約を伴うこともあること、また国際的な動向に合わせることから評価差額を当期の損益とするのではなく純資産の部に計上する（金融商品会計基準77項、78項、80項）。

評価方法
時価

評価差額の処理
①純資産の部に計上 ②部分資本直入法の損は損益

知っておきたいポイント **4-12**

市場価格のない株式等の会計処理を教えてください

市場価格のない株式等の会計処理は次のように定められています。

背景
時価は入手できる最良の情報に基づいて算定するため、市場価格のない株式においても時価を把握することが極めて困難とは想定されないと考えられる。ただし、市場価格のない株式等は、たとえ何らかの方式により価額の算定が可能であったとしても、それを時価とはしないとする従来の考え方を踏襲するため取得原価で評価する（金融商品会計基準19項、81-2項）。

評価方法
取得原価

知っておきたいポイント **4-13**

市場価格のある有価証券の時価が大きく下落した時の会計処理を教えてください

市場価格のある有価証券の時価が大きく下落した時は、その評価差額を損失として処理するか否か検討します。その検討過程と注意点について説明します（金融商品実務指針91項、284項）。

(1) 減損処理

取引所に相場のある有価証券（売買目的有価証券を除く）の時価が著しく下落したときは、回復する見込みがあると認められる場合を除き、時価をもって貸借対照表価額とし評価差額は当期の損失として処理しなければなりません（金融商品会計基準20項）。なお、売買目的に分類された有価証券は、常に時価をもって評価され評価差額は当期の損益に計上しているので、この場面では対象外となります。

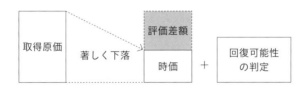

(2) 時価が著しく下落したとき

① 50％超の下落は著しい下落

取引所に相場のある有価証券の時価が「著しく下落したとき」とは、必ずしも数値化できるものではありませんが、有価証券の時価が取得原価に比べて50％程度以上下落した場合をいいます。

② 50％以下の下落の場合の合理的な基準

時価が50％程度まで下落していない場合であっても、状況によっては時

価の回復可能性がないとして減損処理が必要な場合が考えられ、時価の著しい下落があったものとして回復可能性の判定の対象とされることもあります。したがって、時価の著しい下落率についての固定的な数値基準を定めることはできないため、状況に応じ個々の企業において時価が「著しく下落した」と判定するための「合理的な基準」を設け、当該基準に基づき回復可能性の判定の対象とするかどうかを判断することになります。

なお、この「合理的な基準」については、経営者の恣意性を排除するために文書をもって設定し、毎期継続的に適用することが求められます。また、設定した「合理的な基準」については、その内容を有価証券報告書等の注記において投資家等へ説明することが望ましいと考えられます。

③下落率が30%未満の場合

時価の下落率がおおむね30%未満の場合には、一般的には「著しく下落した」ときに該当しないものと考えられます。

これは、その程度の下落率は、有価証券の発行会社の業績の悪化ではなく、市場要因などによって生ずることがあり、容易に時価が取得原価の水準にまで回復することがあると考えられるからです。

(3) 回復する見込みがあるとき（株式の場合）
①合理的な根拠をもって予測する

時価の下落について「回復する見込みがある」と認められる時とは、時価の下落が一時的なものであり、期末日後おおむね1年以内に時価が取得原価にほぼ近い水準まで回復する見込みのあることを「合理的な根拠」をもって予測できる場合をいいます。この場合、漠然とした回復可能性の期待に依拠した楽観的な判断は認められないことに注意が必要です。

この「合理的な根拠」は、個別銘柄ごとに次の項目を総合的に勘案して検討することが必要です。

• 株式の取得時点、期末日および期末日後における市場価格の推移および市場環境の動向

- 最高値・最安値と購入価格との乖離状況
- 発行会社の業況等の推移等
- 時価下落の内的・外的要因

②回復する見込みがない例示

　次のような状況にある場合は、時価が回復する見込みがあるとは認められません。
- 株式の時価が過去2年間にわたり著しく下落した状態にある場合
- 株式の発行会社が債務超過の状態にある場合
- 2期連続で損失を計上しており、翌期もそのように予想される場合

　なお、これらの状況は通常回復する見込みが少ないと一般的に考えられる例示であるので、十分な根拠に基づいて反証できるのであればこの限りではないことに留意が必要です。例えば、保有株式についての時価の下落が、特定の銘柄について、対象会社固有の要因や当該会社が属する業界や地域などに特有の要因で変動が生じているものであれば、個別に回復可能性の判定を行う必要がありますが、短期的な景気循環や市場における金利や為替等の諸要因の変動によって、おおむね株式市場全体について生じている場合などで、固有の変動要因等がない銘柄については回復する見込みがあると通常は判断できると考えられます。

(4) 減損処理に至る判断過程

　前述の（1）から（3）までの状況を整理すると次のようになります。

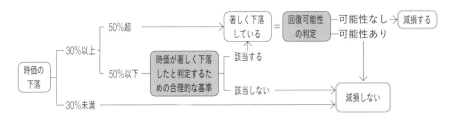

　ただし、この判断過程は、画一的なものではなく、個々の有価証券の発行会社の実情に応じて、例えば30%未満の下落率であっても、会社の業績の悪化や信用リスクの増大なども考慮して判断することが必要です。

知っておきたいポイント **4-14**

　市場価格のない株式等の減損処理について教えてください

　市場価格のない株式等の減損処理に係る検討過程と注意点について説明します（金融商品実務指針92項、285項）。

(1) 減損処理

　市場価格のない株式等（子会社株式および関連会社株式等を除く）について、発行会社の財政状態の悪化により実質価額が著しく低下したときは相当の減額を行い、評価差額は当期の損失として処理しなければなりません。
　なお、取引所に相場のある有価証券や市場価格のない子会社株式等とは異なり、回復可能性の判定をしないことに注意が必要です。市場価格のない株式等の実質価額の回復可能性を判定するためには、当該株式の発行会社の中長期の事業計画等を入手するなど、十分な情報収集と検討が必要ですが、通常は外部の会社に対してこのような手続を要求することは困難であるため、実質価額の回復可能性の判定を行うことなく、下落率のみによって減損処理を行うことが妥当と考えられます（金融商品Q & A33）。

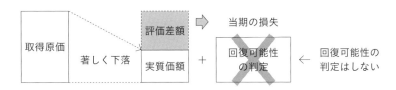

(2) 財政状態の悪化

財政状態とは、一般に公正妥当と認められる会計基準に準拠して作成した財務諸表を基礎に、原則として資産等の時価評価に基づく評価差額等を加味して算定した「1株当たりの純資産額」をいいます。これは、財務諸表を時価評価することにより、企業の実態に近い財政状態を算定したうえで、その悪化についての判定を行うことを目的としています。

財政状態の悪化とは、この1株当たりの純資産額が、当該株式を取得したときと比較して相当程度下回っている場合をいいます。

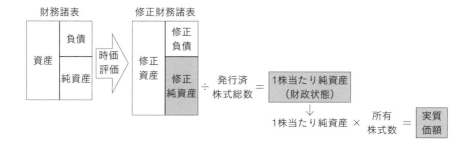

(3) 実質価額の著しい低下

通常は「1株当たりの純資産額」に所有株式数を乗じた金額が当該株式の実質価額となります。

市場価格のない株式等の実質価額が「著しく低下したとき」とは、少なくとも株式の実質価額が取得原価に比べて50%程度以上低下した場合をいいます。

(4) 1株当たり純資産額より高い価額で株式を取得した場合

市場価格のない株式等は、発行会社の財政状態の悪化が生じた場合に減損処理が必要とされていますが、企業買収においては、会社の超過収益力や経営権等を反映して、1株当たり純資産額に比べて相当高い価額で当該会社の株式を取得することがあります。この場合、売買価額が、第三者による鑑定価額または一般に認められた株価算定方式による評価額に基づいて両者の合

意のもとに決定されたとしても、その後、超過収益力等が減少したために実質価額が大幅に低下することがあります。

　したがって、このような場合には、たとえ発行会社の財政状態の悪化がないとしても、将来の期間にわたって超過収益力等の減少が続くと予想され、超過収益力が見込めなくなった場合には、実質価額が取得原価の50％程度を下回っている限り、減損処理をしなければなりません（金融商品Ｑ＆Ａ33）。

1株当たり純資産×所有株式＋超過収益力等＝実質価額
（財政状態）

超過収益力等の減少による
実質価額の低下

償却原価法と市場価格のない子会社株式の減損

1. 満期保有目的債券の償却原価法

（1）償却原価法

　償却原価法とは、債券を債券金額（額面金額）よりも低い価格または高い価格で取得した場合において、その差額に相当する金額を償還期に至るまで毎期一定の方法で取得価額に加減算する方法をいいます（金融商品会計基準16項注5）。

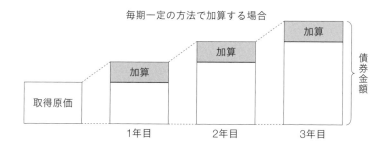

毎期一定の方法で加算する場合

（2）償却原価法が適用できる要件

　償却原価法が適用できるのは、次の要件が両方満たされている場合です。

- 債券金額よりも低い金額または高い金額で取得した場合
- 取得価額と債券金額の差額の性格が金利の調整と認められる場合

　したがって、取得価額と債券金額の差額が、債券の発行会社の信用力の変動や減損その他の要因による場合は、償却原価法の対象とならないことに注意が必要です（金融商品実務指針70項）。

2. 市場価格のない子会社株式や関連会社株式の減損

　市場価格のない株式等であっても、子会社や関連会社等（特定のプロジェクトのために設立された会社を含む）の株式については、実質価額が著しく低下したとしても、前述の外部の会社と異なりグループ会社であることから、事業計画等を入手して回復可能性を判定することもできるため、回復可能性が十分な証拠によって裏付けられる場合には、期末において相当の減額をしないことも認められます。

　ただし、事業計画等は実行可能で合理的なものでなければならず、回復可能性の判定は、おおむね5年以内に回復すると見込まれる金額を上限として行います。一方で、特定のプロジェクトのために設立された会社で、当初の事業計画等において、開業当初の累積損失が5年を超えた期間経過後に解消されることが合理的に見込まれる場合は、当該計画と実績との乖離に基づき回復可能性を検討します。

　回復可能性は毎期見直すことが必要であり、その後の実績が当初の事業計画等を下回った場合など、事業計画等に基づく業績回復が予定どおり進まないことが判明したときは、その期末において減損処理の要否を検討しなければならないことに注意が必要です（金融商品実務指針285項）。

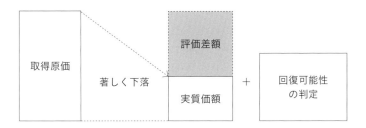

4

会社の重要な検討事項の
ステークホルダーへの説明

背 景

　当社はボウリング場の運営からはじまり、今ではボウリングやゲームセンターを中心としたアミューズメント施設を全国数か所で運営しています。昨今のアミューズメント業界は、カラオケ、スパリゾート、バスケットなど多種多様な娯楽を取り入れた複合施設が多くなり、また、お客様もそのような気軽に楽しめる多様な娯楽を求めています。

　このような業界の動向に対して当社の業態は乗り遅れてしまった感があり、業績は悪化してきました。そこで複数ある店舗のうち業績の悪い店舗を閉鎖するか、それともリニューアルして継続するかを検討することになりました。

　当社の強みは、昔ほどではありませんが根強い人気のあるボウリング場を中心とした屋内スポーツに特化した運営と考えており、一方、ゲームセンターは今や家庭用ゲーム機やスマホゲームの普及により低迷しています。そこで、業績の悪い地方店舗については、ゲームセンターを廃止し屋内スポーツに特化し、また、近隣のホテルと提携し当社施設のチケットと宿泊をセットにして割安感を出す企画を打ち出すことにより、地元のみならず県外の顧客も獲得することを検討しています。このような投資・回収計画を策定することにより、何とか業績の悪い店舗においても閉鎖せずに継続していく道筋がみえてきました。

　このような状況の中で期末決算を迎え、経理部と監査法人の間で店舗のリニューアル計画については、会社によるロジカルな説明と具体的か

つ実現可能な投資回収計画によって、その合理性について合意を得たものの、この店舗リニューアル計画に係る検討内容を、有価証券報告書に記載するか否かを検討しているとの報告がありました。

経営者の疑問

　店舗の新設や閉鎖は事業運営において重要な経営戦略であることから、その経緯を開示することは競合他社に対しては当社の収益構造を開示するようなものと考えます。今回の戦略が決定すれば当然に投資計画の追加や業績への影響について開示することは承知していますが、店舗を閉鎖するか否かの検討過程を開示することには理解ができず、また、経営戦略上も問題があると考えています。

アドバイス

　監査人が店舗閉鎖等の検討事項を有価証券報告書に開示することを求めているのは、監査人の監査報告書において「監査上の主要な検討事項」（以下「KAM」という）として記載することを想定しているためです。監査人が年間を通して検討を予定している重点項目として「店舗の閉鎖に伴う固定資産の減損」があげられ、経営者および監査役等とその対応について協議・情報交換してきたと思われます。そして、監査人は当年度の財務諸表監査の過程で当該事項は「特に重要である」と判断し、その固定資産の減損に関する監査上の対応について、わかりやすく監査報告書に記載することによって、財務諸表利用者に対して監査の過程を明確にすることを想定しています。

　会社は事業を展開している以上、リスクはつきものですが、監査人が監査報告書にKAMを記載したからといっても、それは企業のリスクに対する監査人としてのアラート情報ではありません。あくまでKAMの記載の目的は、監査人の監査プロセスをより詳細に開示し、財務諸表利用者によって監査人の資質を適正に評価し監査品質を向上させることです。そのためには、会社に関する

167

情報を開示する責任がある経営者は、リスク情報や注記等によりKAMへの会社としての対応方針等を積極的に開示することが求められています。

経営戦略と会計制度のつながり

　企業は事業を展開することにより収益を得ますが、その元手となる資金は外部から調達することになります。上場企業の場合は、株式市場を通じて多方面から資金を調達しますので、資金提供者である株主等に対して事業運営の結果を正確に報告することが求められます。そこで、開示・報告される企業業績の信頼性を担保するために企業から独立した監査人による会計監査が行われ、その結果を監査報告書によって株主等へ報告する仕組みが構築されています。

　しかし、このような会計監査の仕組みが長年にわたって運用されているにもかかわらず、企業の粉飾などによる会計不正は後を絶ちません。日本公認会計士協会がまとめた「上場会社等における会計不正の動向（2020年版）」（2020年7月15日）によれば、2017年3月期から2020年3月期において、会計不正の発覚の事実を公表した上場会社等は134社、不正の内容が判明している件数は237件となっており年々増加傾向にあります。また、このうち粉飾決算の割合は83%に及んでいます。

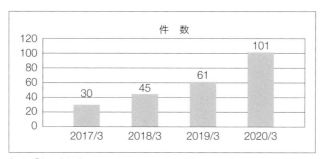

　わが国では、不正会計事案などを契機として監査の信頼性が改めて問われ
ている状況にあり、資本市場における適正な財務報告を担保するための取組
みの1つとして、財務諸表利用者に対する企業から独立した監査人による会
計監査に関する情報提供を充実させる必要性が指摘されてきました。

　わが国を含め、国際的に採用されてきた従来の監査報告書は、記載文言を
標準化して監査人の意見を簡潔明瞭に記載する、いわゆる「短文式」の監査
報告書でありましたが、これに対しては、かねてより、監査意見に至る監査
のプロセスがみえにくいとの指摘がされてきました。

　こうした中、監査の信頼性を確保するための取組みの1つとして、監査意
見を簡潔明瞭に記載する枠組みは基本的に維持しつつ、監査プロセスの透明
性を向上させることを目的に、監査人が当年度の財務諸表の監査において
「特に重要であると判断した事項」いわゆる「監査上の主要な検討事項
（KAM）」を監査報告書に記載する監査基準の改定が国際的に行われてきま
した。

　監査報告書における KAM の記載は、監査人が実施した監査の透明性を向
上させ、監査報告書の情報価値を高めることに意義があります。すなわち、
監査人が監査の過程で何に着目したのか、どのように対応したのかを報告す
ることによって新たな情報価値を投資家に与えることができると考えました
（2018 年監査基準改訂一）。

　監査人の監査報告書において、KAM として監査のプロセスを開示するこ

とによって、投資家による監査に対する評価が可能となり、監査の信頼性が向上するとともに、会社が開示する財務諸表の信頼性が高まります。さらに、KAM に関して監査人と経営者・監査役等とのコミュニケーションや議論が充実することにより、経営に対する刺激となるとともに、事業等のリスク情報が経営者間で共有されることにより、コーポレート・ガバナンスの強化につながると考えます。これらのことから、経営者にとっては財務情報の裏付けのある効果的・効率的な経営戦略の策定が期待されます。

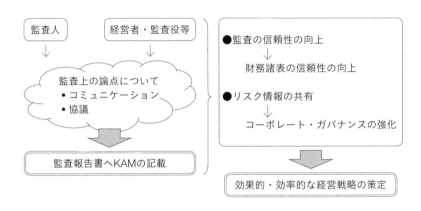

知っておきたいポイント **4-15**

監査上の主要な検討事項（KAM）とは何ですか

　監査上の主要な検討事項（KAM）とは、当年度の財務諸表の監査において、監査人が職業的専門家として特に重要であると判断した事項をいい、監査人が監査役等とコミュニケーションを行った事項から選定されます（監基報 701 7 項）。

　わが国では監査基準設定当初より、監査報告書は、監査の結果として財務諸表に対する監査人の意見を表明する手段であるとともに、監査人が自己の意見に関する責任を正式に認める手段であることから、その内容を簡潔明瞭

に記載して報告する、いわゆる「短文式」の監査報告書が採用されています。それに加える KAM の記載は、監査意見の位置付けを変更するものではなく、財務諸表利用者に対し監査人が実施した監査の内容に関する情報を提供するものとして位置付けています（2018 年監査基準改訂二 1（1））。

　したがって、KAM の記載は、監査人が実施した監査プロセスの透明性を向上させ、監査報告書の情報価値を高めることにその意義があり、次のような効果が期待されています（2018 年監査基準改訂一）。

①監査プロセスの透明性	財務諸表利用者に対して監査のプロセスに関する情報が、監査の品質を評価する新たな検討材料として提供されることで、監査の信頼性向上に資する。 すなわち、監査品質を評価する情報を提供することによって、外部者からフィードバックを受けることができ、それに対応することによって監査品質が向上し、企業の財務諸表への信頼性が高まる。
②経営者との対話促進	財務諸表利用者の監査や財務諸表に対する理解が深まるとともに、経営者との対話が促進される。 すなわち、外部の財務諸表利用者向けの監査報告書にKAMを記載することによって、経営者が監査上の検討事項や監査に興味を持つことが期待され、事業等のリスクに関する投資家等との対話が促進されて財務報告に結びつく経営戦略の策定が期待される。
③コーポレート・ガバナンスの強化	監査人と監査役等の間のコミュニケーションや、監査人と経営者の間の議論を更に充実させることを通じ、コーポレート・ガバナンスの強化や、監査の過程で識別した様々なリスクに関する認識が共有されることによる効果的な監査の実施につながる。 すなわち、今まで以上に監査人と監査役等とのコミュニケーションが充実し、また経営者と監査役等との間で監査上の論点について議論されることを期待し、それによってコーポレート・ガバナンスの強化につながる。

KAM はどのようなプロセスで決定するのでしょうか

　監査人は、「監査上の論点」のうち「監査の過程で監査役等と協議した事項」の中から、次のことを考慮して「特に注意を払った事項」を決定します。

①監査人が監査を実施するうえで「特別な検討を必要とするリスク」として識別した事項、または重要な虚偽表示のリスクが高いと評価された事項

②見積りの不確実性が高いと識別された事項を含め、経営者の重要な判断を伴う事項に対する監査人の判断の程度

③当年度において発生した重要な事象または取引が監査に与える影響等

　当該決定を行った「特に注意を払った事項」の中から、さらに当年度の財務諸表の監査において職業的専門家として「特に重要であると判断した事項」を絞り込み「監査上の主要な検討事項」として決定します。

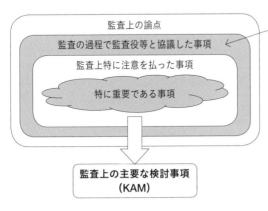

監査役も重要な役割を担う
①監査人が選定するものであるが、監査役と協議した事項の中からKAMが選定される。
②KAMの選定過程において、適宜監査人や執行側と情報交換の場を設定し、最終的なKAMの内容の決定が円滑に行われるよう努めることが求められる。

　監査人は、リスク・アプローチに基づく監査計画の策定段階から監査の過程を通じて監査役等と協議を行うなど、適切な連携を図ることが求められており、KAM はそのような協議を行った事項の中から絞り込みが行われ、決

定されます（2018 年監査基準改訂二 1（2））。

　KAM の記載を実効性ある形で運用するためには、監査役等、執行側、監査人の三者間で相互に監査の内容や執行側の業務のあり方について評価することが必要であり、監査役等には三者の連携を主導する立場から積極的な役割を果たすことが期待されています（KAM の Q & A 集 Q-3-3-4）。

知っておきたいポイント **4-17**

監査人の監査報告書に KAM はどのように記載されるのでしょうか

　監査報告書は、財務諸表利用者にとって関心の高い項目から記載するように構成されています。すなわち、監査意見を冒頭に記載し、その根拠を次に記載します。その次に「監査上の主要な検討事項」であると決定した事項について「監査上の主要な検討事項」の区分を設け、関連する財務諸表における開示がある場合には当該開示への参照を付したうえで次の項目を記載します。

①「監査上の主要な検討事項」の内容

②監査人が、当年度の財務諸表の監査における特に重要な事項であると考え、「監査上の主要な検討事項」であると決定した理由

③監査における監査人の対応

　KAM の記載を有意義なものとするためには、監査人は財務諸表の監査の過程を通じて監査役等と適切な連携を図ったうえで、監査人が監査役等に対して行う報告内容を基礎として、当該財務諸表の監査に固有の情報を記載することが重要です。したがって、同業他社と同じような記載になることは想定されず、また、他社と異なる記載となることが当然のことと考えられています。さらに、財務諸表利用者にとって有用なものとなるように、監査人は、過度に専門的な用語の使用を控えてわかりやすく記載することが求められています（2018 年監査基準改訂二 1（3））。

KAMの記載例

独立監査人の監査報告書

監査意見
・・・・
監査意見の根拠
・・・・・

KAMの性質の説明

監査上の主要な検討事項
監査上の主要な検討事項とは、当事業年度の財務諸表監査において、監査人が職業的専門家として特に重要であると判断した事項である。監査上の主要な検討事項は、財務諸表全体に対する監査の実施過程及び監査意見の形成において対応した事項であり、当監査法人は、当該事項に対して個別に意見を表明するものではない。

表形式でのKAMの記載

（KAMの見出しおよび該当する場合には財務諸表の注記への参照）	
監査上の主要な検討事項の内容及び決定理由	監査上の対応
○○○○○○○○○○○○○○○○○○	○○○○○○○○○○○○○○

知っておきたいポイント **4-18**

会社が開示していない内容を監査人が KAM として記載するのは守秘義務に違反するのではないでしょうか

　企業に関する情報を開示する責任は経営者にあるので、監査人によるKAM の記載は、経営者による開示を代替するものではありません。したがって、監査人が KAM を記載するにあたり、企業に関する未公表の情報を含める必要があると判断した場合には、経営者に追加の情報開示を促すとともに、必要に応じて監査役等と協議を行うことが適切です。監査人が追加的な情報開示を促した場合において経営者が情報を開示しないときに、監査人が正当な注意を払って職業的専門家としての判断において当該情報を KAM に含めることは、監査基準に照らして守秘義務が解除される正当な理由に該当すると考えます（2018 年監査基準改訂二 1 (5)）。

　KAM は、監査の内容に関する情報を提供するものであるため、通常、企業に関する未公表の情報の提供を意図するものではありません。しかしながら、当該事項を KAM として決定した理由および監査上の対応について説明するために、法令等によって禁止されない限り、監査人は企業に関する未公表の情報を含む追加的な情報を記載することが必要であると考えることがあります。その場合には、監査報告書において企業に関する未公表の情報を提供することを決定する前に、監査人は経営者に追加の情報開示を促すとともに、必要に応じて監査役等と協議を行うことが求められています。

　この監査人からの要請に対して、経営者は積極的に対応することが期待され、経営者の職務の執行を監視する責任を有する監査役等には、経営者に追加の開示を促す役割を果たすことが期待されています（監基報 701 A36）。したがって、期末にそのようなことが生じないように期中において、監査役等は KAM の選定過程における監査人や執行側との情報交換の場において最終的な KAM の内容の決定が円滑に行われるよう努めることが必要です（KAM の Q & A 集 1-3-3）。

知っておきたいポイント 4-19

未公表の情報とはどのような範囲のものでしょうか

　企業に関する未公表の情報は、企業によって公にされていない当該企業に関するすべての情報をいいます。当該情報の提供に関する責任は、経営者にあります。なお、財務諸表または監査報告書日において利用可能な「その他の記載内容」に含まれている情報や、決算発表または投資家向け説明資料等により、企業が口頭または書面により提供している情報等は企業によって公にされている情報であるため、企業に関する未公表の情報には含まれません（監基報 701 A35）。

　ここで「その他の記載内容」とは、監査した財務諸表および監査報告書が含まれる開示書類のうち、財務諸表および監査報告書以外の法令等または慣

行に基づき作成された情報をいいます。また、「その他の記載内容」には財務情報および非財務情報が含まれます（監基報720 4項（1）、A3項）。

未公表の情報		公にされている情報
公にされていない情報		●決算説明資料 ●開示書類のその他の記載内容 • 経営者による事業報告 • 財務概要又は財務ハイライト • 従業員の状況 • 設備投資計画 • 財務比率 • 取締役の氏名 • 四半期財務情報

知っておきたいポイント **4-20**

KAMとして記載されるものがないということはあるのでしょうか

　KAMの個数は、会社の規模および複雑性、事業および環境ならびに監査業務の状況等に基づき監査役等と協議した事項の中から監査人の職業的専門家としての判断によって決定されます。したがって、上場会社の監査において、監査人が監査役等とのコミュニケーションを行った事項の中には監査報告書において報告すべきKAMがないと判断することはまれであり、少なくとも1つは存在していると考えられます（監基報701 A59）。KAMは、個々の会社の監査で相対的な重要性により決定されますので、KAMが1つもないということは、リスク・アプローチの監査において考えにくい状況です（KAMのQ＆A集 Q1-3-7）。

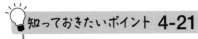

株主総会において KAM について質問された場合、どのように対応す
ればよいでしょうか

　会社法上の監査報告書に KAM を記載するには、株主総会への提出書類の
作成スケジュールとの関係から解決すべき課題があり、会社法上の会計監査
人の監査報告書への KAM の記載を義務付けることは任意とされました。
　多くの会社では、有価証券報告書は株主総会終了後に提出されるため、
KAM が記載された金融商品取引法上の監査報告書も有価証券報告書の提出
とともに株主総会終了後に公表されます。したがって、会社法上の会計監査
人の監査報告書に任意に KAM が記載されない限り、株主は株主総会の時点
では KAM の記載内容を知り得ないため、株主総会において未公表の KAM
についての質問が想定されます。

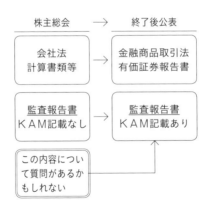

　会社としては想定問答を作成しますが、回答者は執行側なのか監査役等な
のかを決めておく必要があります。KAM として選定された項目についての
詳細や当該リスクが発現するトリガーは何かなどといった項目は、まずは執
行側が対応することになると思われる一方、監査役等による会計監査の相当

性の判断の根拠として監査役等と監査人の間で KAM の選定について行われたコミュニケーションに関することや監査役等の見解に関する事項については監査役等が対応することになると考えられます。

　KAM は監査人と監査役等がコミュニケーションを行った事項から選定されますが、監査役等は KAM の選定主体ではないので、監査人とのコミュニケーションの状況についての説明と監査役等としての見解を示すことが基本になると考えられます。

　また、株主からの質問への対応に際して未公表事項に言及せざるを得なくなることも考えられますので、執行側や監査役等は回答が適切な表現になっているか留意するとともに、フェアディスクロージャーの観点からも考慮して答弁することに留意が必要です（KAM の Q ＆ A 集 Q3-5-1、Q3-5-2、Q3-5-3）。

コラム〉⑫ 監査役等の責任について

　2018年の監査基準の改訂により、監査人の監査報告書の中でKAMの記載の
ほかに「監査役等には、財務報告プロセスを監視する責任があること」の記載
が求められるようになりました（監査基準第四 三（3））。これは、取締役によ
る職務の執行を監査するという監査役等が担っている役割の一部として、財務
報告プロセスを監視する責任があることについて、監査報告書にも明確に記載
することとしたものであり、会社法で規定されている監査役等の責任が変わる
ものではありません。

独立監査人の監査報告書

監査意見
・・・・

監査意見の根拠
・・・・

監査上の主要な検討事項
・・・・

連結財務諸表に対する経営者並びに監査役及び監査役会の責任
経営者の責任は、・・・
監査役及び監査役会の責任は、財務報告プロセスの整備及び運用における
取締役の職務の執行を監視することにある。

第 **5** 章

内部管理

昨 今、企業に対してコーポレート・ガバナンスの強化がよりいっそう求められるようになり、各企業においては内部管理体制の構築およびその開示が進んでいます。一方で、金融商品取引法の財務報告に係る内部統制報告制度が導入されて10年以上が経過しましたが、いまだに企業不祥事は減少していません。企業が整備しているコーポレート・ガバナンス体制についても、これからは「整備」するだけではなく実効性のある「運用」が具体的に求められ開示されるようになっています。

　本章では、経営者にとって、コーポレート・ガバナンス体制をより有効に実行することに役立つように、内部統制の目的の再確認および取締役等の内部取引や債権管理、在庫管理などの内部管理体制と会計制度とのつながりを解説しています。

1

会社が構築しなければならない
内部統制

背　景

　当社は株式上場を考えている会社で、非公開会社（定款に株式譲渡制限の定めがある会社）ですが取締役会および監査役会を設置しています。現在は株式上場の準備をしており、証券会社や監査法人から内部統制に関する体制の構築・運用が求められています。当社は、近年ガバナンスが重要視されていることを認識しており、会社法における内部統制システムの基本方針（内部統制システムに係る体制の整備）を取締役会で決議し、それに基づき内部統制を構築・運用し、事業報告にその旨を開示することにしています。また、金融商品取引法（以下「金商法」という）において、内部統制に関する報告書を経営者が作成し監査人の監査を受けなければならないことを理解しています。

　取締役会で決議しなければならない「内部統制システムの基本方針」や金商法で整備・運用する「全社的内部統制」や「業務プロセスに係る内部統制」など、言葉の使い方がたくさんあって、それぞれどのような関係になっているのか整理がつかない状況のため、公認会計士のアドバイスを受けようと考えています。

経営者の疑問

公認会計士のアドバイスを受けるにあたり知識を整理したいので、会社が構築しなければならない内部統制について、会社法と金商法で求めている仕組みや両者の関係、開示内容などについて教えてください。

アドバイス

　企業は事業を運営し利益を獲得することによって、株主への配当を行い、また資本市場の活性化に貢献することができます。しかしながら、過去に従業員による不祥事や経営者による開示内容の隠蔽操作などが多発し、資本市場をはじめ投資家や株主に多大な不利益を与えたことから、会社法と金商法においてそれぞれ内部統制に関する規定が設けられました。

　一方で、経営者は会社を事業目的に沿って適切に運営していくために、必然的に内部統制を構築しようと考えています。すなわち、経営者は適切に、効率的に事業を遂行するために、従業員による組織を構成し、彼らに一定の権限を与えていること、従業員の業務遂行を部長や課長といった役職を設けてチェックさせていること、また、複数部門において相互に牽制するなどの仕組みを作っています。このことがまさに「内部統制」を構築・運用していることになるのです。

　したがって、「法令で定められているから、どのような内部統制システムを整備・運用すればいいのか」ということではなく、経営者として適正な事業運営を行い、その結果としての業績等を正確に開示するために必要とする統制（誰に何を任せるのか、誰に何をチェックさせるのか）を自ら考え構築することが、まずは内部統制の幹になる部分であり、それと法令で定められている内部統制システムの関係を整理することが重要です。

〈経営者が考えている効率的・効果的な業務の遂行の仕組み〉 ──→ 内部統制そのもの

経営戦略と会計制度のつながり

　取締役は、会社の業務執行にあたる者として善管注意義務を負っていて（会社法330条、民法644条）、その善管注意義務を果たすために、明示的または黙示的に法令・定款を遵守する体制および業務の適正を確保するために必要な組織や諸規程・制度を構築し運用しています。しかしながら、1990年代に大手銀行において従業員の不祥事による巨額損失事件が発生し、株主代表訴訟の結果、取締役の内部統制システム構築義務および構築状況監視義務が判示されました。このような状況を受けて2006年の会社法施行により、大会社（資本金5億円以上または負債総額200億円以上の会社）においては取締役会が「内部統制システムに関する基本方針」を決議すること（会社法362条5項）、その内容および運用状況を事業報告へ開示すること（施行規則118条2号）が規定されました。

　また、米国においては、2001年のエンロン事件をきっかけに、企業の内部統制の重要性が認識され、企業改革法において、経営者に財務報告に係る内部統制の有効性を評価した内部統制報告書の作成が義務付けられ、公認会計士等による監査を受けることとされました。

　わが国でも、有価証券報告書の開示内容について不適正な事例が多発した

ことから、企業におけるディスクロージャーの信頼性を確保するための内部
統制が有効に機能しなかったのではないかといったことが窺われ、このよう
な状況を踏まえると、ディスクロージャーの信頼性を確保するため、企業に
おける内部統制の充実を図る方策が必要ではないかと考えられました。それ
を受けて、2008年から上場企業を対象に、財務報告に係る内部統制の経営
者による評価と公認会計士等による監査が義務付けられました（内部統制基
準意見書一（1））。

　このように経営者による内部統制の体制構築は、事業を効率的に運営する
のみならず、社会的使命を果たすために必要不可欠なことと考えられます。

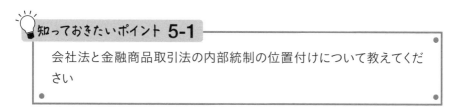

知っておきたいポイント **5-1**

　　会社法と金融商品取引法の内部統制の位置付けについて教えてくだ
　　さい

　内部統制とは、4つの目的を達成するための合理的な保証を提供すること
を意図した、会社の従業員によって遂行されるプロセスであり、6つの基本
的要素から構成されています（内部統制基準Ⅰ．1）。簡単に言うと、会社の
事業目的に沿って会社を適切に運営するための業務の仕組みと考えられま
す。

〈内部統制の目的と基本的要素〉

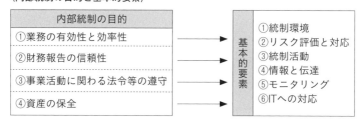

内部統制の目的		基本的要素
①業務の有効性と効率性	→	①統制環境
②財務報告の信頼性	→	②リスク評価と対応
③事業活動に関わる法令等の遵守	→	③統制活動 ④情報と伝達 ⑤モニタリング
④資産の保全	→	⑥ITへの対応

　会社法の内部統制は、4つの目的すべてを含んでいて「内部統制システ

ム」とよばれ、金商法の内部統制は、4つの目的のうち「②財務報告の信頼性」を対象としていることから「財務報告に係る内部統制」とよばれています。このように両者は別のものではなく、内部統制という枠組みの中で、会社法においては、会社の業務全般の適正を確保するための体制の整備・運用であり、取締役の職務の一環として行われ、金商法においては、会社における財務報告が法令等に従って適正に作成されるための体制の整備・運用であり、経営者が評価するという位置付けになります。

〈会社法と金商法の内部統制の位置付け〉

内部統制の枠組み

内部統制システム（会社法）
- 取締役の職務の執行が法令および定款に適合することを確保するための体制
- その他株式会社および企業集団の業務の適正を確保するための体制

財務報告に係る内部統制
（金商法）
会社および企業集団の財務報告の信頼性を確保するための体制

　このように、内部統制システムも財務報告に係る内部統制も、会社が構築する内部統制に変わりはありませんが、位置付けや目的の違いによって、その仕組みや開示内容は異なることになります。

知っておきたいポイント **5-2**

会社法と金融商品取引法の内部統制の具体的な違いを教えてください

前述のように会社法と金商法の内部統制は同じ枠組みの中にありますが、その目的の違いによって体制が相違します。

比較項目	内部統制システム（会社法）	財務報告に係る内部統制（金商法）
前提とした会社	すべての会社に求められる（※1）	上場会社（内部統制に係る監査証明の免除を受けていない会社）
内部統制の目的	事業目的に沿った会社の適切な運営（内部統制の4つの目的）	財務報告の信頼性の確保
構築・運用する体制	● 取締役の職務の執行が法令および定款に適合することを確保するための体制 ● 会社の業務の適正を確保するために必要な体制	財務計算に関する書類その他の情報の適正性を確保するために必要なものとして、財務報告が法令等にしたがって適正に作成されるための体制
経営者による評価・開示	● 取締役会による内部統制決議の内容の概要、および経営者による運用状況の概要を「事業報告」に開示（※2） ● 内部統制システムの整備状況を「有価証券報告書」に開示（※3）	経営者による評価結果を「内部統制報告書」によって報告・開示
監査役による監査	取締役の職務執行の監査の一環として、内部統制システムの内容および取締役会決議の相当性を監査	会社法の内部統制システムの監査の一環として実施
公認会計士等による監査	会計監査人の直接的な監査対象ではない	原則として、財務諸表監査と同一の監査人による監査の対象
監査結果の報告	監査役監査報告書にて報告（※1）	監査人による内部統制監査報告書にて報告

※1：内部統制システムに係る体制の整備について、大会社および上場会社は取締役会決議が求められる（会社法362条5項、上場規程439条）
※2：内部統制システムの基本方針を取締役会で決議している会社
※3：有価証券報告書を提出している会社

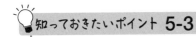

知っておきたいポイント 5-3

会社法の内部統制システムについて教えてください

(1) 内部統制システムの体制

　会社法における「内部統制システム」とは、「取締役の職務の執行が法令および定款に適合することを確保するための体制」と「会社の業務の適正を確保するために必要な体制」（会社法362条4項6号）をいいます。取締役が事業目的にそって会社を適切に運営するためには、内部統制の体制が必要であることから、取締役による内部統制システムの適切な構築と運用は、職務執行における基本的事項として善管注意義務に含まれると考えられます。

　内部統制システムの体制については、次のように規定されています。

①取締役の法令等遵守体制（会社法362条4項6号前半）

体制	内容
取締役の法令等遵守体制	取締役の職務の執行が法令および定款に適合することを確保するための体制

②株式会社および企業集団の業務の適正を確保するための体制（会社法362条4項6号後半、施行規則100条1項）

体制	内容	条文
①情報保存管理体制	取締役の職務の執行に係る情報の保存および管理に関する体制	1号
②損失危機管理体制	損失の危険の管理に関する規程その他の体制	2号
③効率性確保体制	取締役の職務の執行が効率的に行われることを確保するための体制	3号
④使用人の法令等遵守体制	使用人の職務の執行が法令および定款に適合することを確保するための体制	4号
⑤企業集団の業務適正確保体制	企業集団における業務の適性を確保するための体制	5号

③監査役監査の実効性確保の体制（施行規則 100 条 3 項）

体制	内容	条文
①監査役補助使用人配置体制	監査役がその職務を補助すべき使用人を置くことを求めた場合における当該使用人に関する体制	1号
②監査役補助使用人独立性確保体制	補助使用人の取締役からの独立性に関する体制	2号
	監査役の補助使用人に対する指示の実効性の確保に関する体制	3号
③監査役への報告体制	取締役および会社の使用人が監査役に報告をするための体制、その他の監査役への報告に関する体制	4号
	当該報告をした者が当該報告をしたことを理由として不利な取扱いを受けないことを確保するための体制	5号
④監査費用に関する事項	監査役の職務の執行について生ずる費用または債務の処理に係る方針に関する事項	6号
⑤監査役監査実効性確保体制	その他監査役の監査が実効的に行われることを確保するための体制	7号

(2) 経営者による内部統制の無効化への対応

　会社の組織として監視の仕組みを作っても経営者が不正に対して加担している場合は、その仕組みは無効化（機能しないこと）されてしまいます。したがって、内部統制の無効化を防止するために、内部統制システムの構築・運用状況に対して取締役会の監視および監査役による監査が必要となります。

(3) 取締役による内部統制システムの整備・運用・見直し義務

　経営者は、取締役会が決定した内部統制の基本方針に基づき、有効な内部統制を整備・運用する役割と責任があります。経営者は、事業運営上のリスクを抽出し内部統制システムを整備（Plan）するだけではなく、実際に運用（Do）し、有効に機能しているかを確認（Check）すること、そして問題点や外部環境の変化に合わせて、組織・社内規則を見直し（Action）、体制を再構築（Plan）するといった PDCA サイクルを確立することが重要です。

　しかし、経営者が自ら内部統制システムを具体的に業務に落とし込んでいき、その内容をチェックすることは困難であることから、法務、財務、経

理、リスク管理といった部門を設置し、それぞれの部門において内部統制システムを具体的に整備・運用します。そして、代表取締役の直接指揮命令下に内部監査部門を設置し、各部門や使用人の職務遂行の実効性や効率性を調査・改善・指導する業務監査や会計監査の役割を与え、その評価結果の報告を受けて必要に応じた体制の見直しを行うことになります。

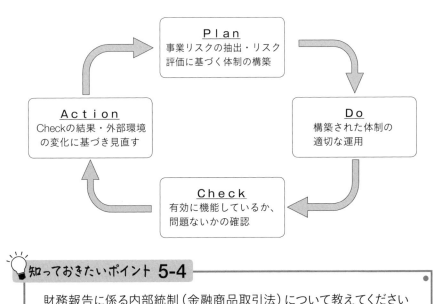

知っておきたいポイント 5-4

財務報告に係る内部統制（金融商品取引法）について教えてください

　金商法における「財務報告に係る内部統制」とは、会社に係る財務計算に関する書類その他の情報の適正性を確保するために必要なものとして、財務報告が法令等に従って適正に作成されるための体制（内部統制府令3条）をいいます。経営者はその有効性を自ら評価し、その結果を外部に向けて報告することが求められています（内部統制基準II．1）。また、経営者が作成した内部統制報告書は、公認会計士等による監査を受けなければなりません（金商法193条の2第2項）。

　経営者による財務報告に係る内部統制の評価は、次のように行われます（内部統制基準II. 2（2）、3、4）。

〈経営者による財務報告に係る内部統制の評価〉

評価範囲の決定	財務報告に対する金額的および質的影響の重要性を考慮し、合理的に評価の範囲を決定する

全社的な内部統制の評価	全社的な内部統制の整備および運用状況、ならびにその状況が業務プロセスに係る内部統制に及ぼす影響の程度を評価する

業務プロセスに係る内部統制の評価	全社的な内部統制の評価結果を踏まえ、財務報告の信頼性に重要な影響を及ぼす統制上の要点について評価する

有効性の判断	財務報告に係る内部統制の有効性を評価した結果、統制上の要点等に係る不備が開示すべき重要な不備か否かを判断する

内部統制の報告	財務報告に係る内部統制の有効性の評価に関する報告書を作成する

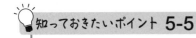

知っておきたいポイント **5-5**

監査役による内部統制の監査について教えてください

(1) 会社法の内部統制システムの監査

　会社法では、監査役が直接的に内部統制システムを監査することを明示する条文は設けられていません。しかし、監査役は取締役の職務の執行に関する監査の一環として、内部統制システムの内容および内部統制に係る取締役会決議の相当性について監査を実施します（内部統制システム実施基準3条、5条）。監査項目は次のとおりです。

	監査項目
内部統制システムの監査	①内部統制決議の内容の相当性 ②取締役が行う内部統制システムの構築・運用の状況における不備の有無 ③事業報告に記載された内部統制決議の概要および構築・運用状況の記載内容の適切性
内部統制決議に関する監査	①内部統制決議の内容が、会社法等に定める事項を網羅しているか ②会社に著しい損害を及ぼすおそれのあるリスクに対応した内部統制システムのあり方について、決議がなされているか ③内部統制決議の内容について、必要な見直しが適時かつ適切に行われているか ④監査役が内部統制決議に関して助言または勧告した指摘の内容が、取締役会決議において適切に反映されているか。反映されていない場合には正当な理由があるか

(2) 金融商品取引法の内部統制の監査

　金商法においても、監査役が財務報告に係る内部統制を監査する規定はありませんが、経営者による内部統制報告書の作成は、取締役の重要な職務であることから、監査役は取締役の職務の執行に対する監査の一環として、財務報告に係る内部統制の整備および運用状況を監視、検証する役割と責任を有しています（内部統制実施基準Ⅰ．4（3））。

コラム〉⑬ 内部統制の不備

　内部統制に不備が発見された場合には、経営者は是正をしなければなりません。不備についてのそれぞれの定義を確認します。

(1) 会社法の内部統制システムにおける不備

　監査役監査における「不備」等の意味は次のとおりです（監査役監査実施要領　用語解説Ⅳ－56）。

用語	定義
不備	整備される内部統制システムの各体制が会社に著しい損害を及ぼすおそれがあると想定されるリスクに対応していないと認める場合であり、軽微なものも含み、不備があると認めた場合は、取締役に対する随時の指摘、改善の助言を行うもの
著しい不備	「不備」のうち監査役会の審議を経て代表取締役を含む業務執行取締役または取締役会に対して助言・勧告、改善の要請等の適切な措置を講じるべきもの
重大な欠陥	「著しい不備」の中で、監査役によるこれらの助言・勧告、改善の要請等に対して、代表取締役等が正当な理由なく適切な対処を行わない場合は、「重大な欠陥」すなわち、内部統制システムの構築・運用の状況において取締役の善管注意義務に違反する重大な事実が認められる内部統制の不備に該当する

　なお、「重大な欠陥」に該当する場合には、監査役は監査報告書において指摘すべき事項となります（内部統制システム実施基準2条17号、8条）。

（2） 金融商品取引法における財務報告に係る内部統制の不備
　　　（内部統制実施基準Ⅱ. 1 ②）

用語	定義
不備	①整備上の不備 　内部統制が存在しない、または規定されている内部統制では内部統制の目的を十分に果たすことができない ②運用上の不備 ・整備段階で意図したように内部統制が運用されていない ・運用上の誤りが多い ・内部統制を実施する者が統制内容や目的を正しく理解していない
開示すべき重要な不備	「不備」のうち、財務報告に一定の金額を上回る虚偽記載、または質的に重要な虚偽記載をもたらす可能性が高いもの ①金額的重要性 　総資産、売上高、税引前利益などに対する比率で判断する ②質的重要性 ・上場廃止基準や財務制限条項に関わる記載事項などが投資判断に与える影響の程度 ・関連当事者取引との取引や大株主の状況に関する記載事項などが財務報告の信頼性に与える影響の程度

　なお、「開示すべき重要な不備」は、内部統制システムの「重大な欠陥」とは一致しないことに留意が必要です（監査役監査実施要領　用語解説Ⅳ－56）。

2

会社に不利益をもたらす取締役等の取引に関する規制

背 景

　X社は3月決算の上場企業であり、私（A氏）はX社の非常勤取締役であるとともにY社（非上場企業）の代表取締役です。3月期末が終了し4月になって私のもとへX社の監査役から「利益相反取引についての確認書」が、また経理部から「関連当事者との取引調査票」の提出要請がありました。

　私が代表取締役となっているY社はX社から金銭借入を行っていますが、この取引は利益相反取引であると認識していることから、取引開始前にX社の取締役会の承認を得ています。

　また、私の妻の弟（B氏）は、X社からアドバイザリー業務を請け負っています。当該取引に私（A氏）は何も関与していないことから利益相反取引とは認識していません。しかし両取引ともに関連当事者取引に該当すると言われ「関連当事者との取引調査票」に取引内容を記載しました。

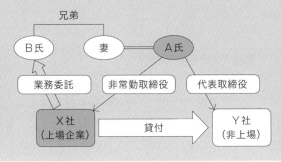

経営者の疑問

監査役からの「利益相反取引についての確認書」は、監査役監査の一環として、取締役の職務執行の監査を行うためであり、経理部からの「関連当事者取引調査票」は、財務諸表への注記による開示の要否を検討するために必要であるとの説明を受けました。それぞれの目的は理解しているつもりですが、関連当事者取引と利益相反取引の区別がよくわかりません。両者の関係、取引範囲、手続の違いなどについて教えてください。

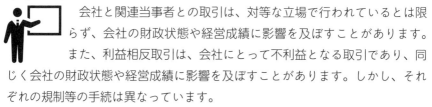

アドバイス

　会社と関連当事者との取引は、対等な立場で行われているとは限らず、会社の財政状態や経営成績に影響を及ぼすことがあります。また、利益相反取引は、会社にとって不利益となる取引であり、同じく会社の財政状態や経営成績に影響を及ぼすことがあります。しかし、それぞれの規制等の手続は異なっています。

①関連当事者取引に該当するか否かの検討

　関連当事者とは、会社を支配している者、会社から支配されている者、または会社に対して重要な影響力を有している者、会社から重要な影響力を受けている者をいいます（詳細は　知っておきたいポイント 5-8 参照）。関連当事者の範囲には近親者（二親等以内）が含まれるので、X社の取締役（A氏）の義弟であるB氏は、X社にとって関連当事者となります。

　重要な関連当事者取引は、財務諸表利用者が会社の財政状態や経営成績の内容を適切に理解するために、開示することが求められています。

②利益相反取引に該当するか否かの検討

　利益相反取引は、会社と取締役等の間の利害が相反する取引、すなわち取締役等にとっては利益となるが、会社にとっては不利益となるような取引をいいます。利益相反取引を行う場合には、会社が不利益を被ることを防ぐため、事前に取締役会設置会社においては取締役会の承認が必要になります。

　A氏はY社の代表取締役としてY社のためにX社から金銭借入をしています。同時にA氏はX社の取締役としてY社への貸付取引を判断する地位でもあります。したがって、A氏はX社の取締役会においてY社に有利な条件で金銭貸付を行う判断が可能となることから利益相反取引となり、特別の利害関係を有するA氏を除いて、X社の取締役会の承認が必要になります。

　一方、B氏とX社の取引について、A氏はB氏と利害関係がない限り、当該取引の双方に関与しているわけではないので利益相反は存在しないと考えられます。

③それぞれの取引に関わる規制

　このように関連当事者取引も利益相反取引も会社に関係する外部者との取引により、会社の利益を損なう取引に関する規制であることは共通しています。そして、利益相反取引においては、その取引開始時点で取締役会の承認という手続規制により会社への不利益を防止し、また、当該利益相反取引を含んだ幅広い関連当事者取引は、重要な取引を開示することによって、財務諸表の利用者が会社の財務情報を適切に理解する助けとなっています。

経営戦略と会計制度のつながり

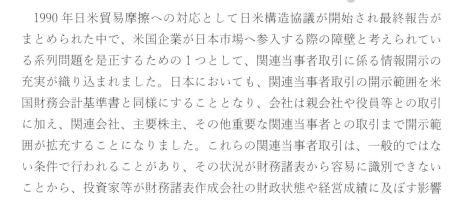

　1990年日米貿易摩擦への対応として日米構造協議が開始され最終報告がまとめられた中で、米国企業が日本市場へ参入する際の障壁と考えられている系列問題を是正するための1つとして、関連当事者取引に係る情報開示の充実が織り込まれました。日本においても、関連当事者取引の開示範囲を米国財務会計基準書と同様にすることとなり、会社は親会社や役員等との取引に加え、関連会社、主要株主、その他重要な関連当事者との取引まで開示範囲が拡充することになりました。これらの関連当事者取引は、一般的ではない条件で行われることがあり、その状況が財務諸表から容易に識別できないことから、投資家等が財務諸表作成会社の財政状態や経営成績に及ぼす影響

を適切に理解できるようにするために開示が義務付けられました。その後、「純粋持株会社」の増加を踏まえた見直し、および国際会計基準とのコンバージェンスの検討により、会計基準として整備され財務諸表の注記事項として開示することになりました（関連当事者会計基準 15 項）。

　また、利益相反取引は、取締役がその地位を利用し会社の利益を犠牲にして自己または第三者の利益を図ることを防止するため、取締役会においてその取引について重要な事項を開示して、その承認を求めることにしています（会社法 356 条）。

　このように関連当事者取引の開示や利益相反取引の取締役会承認手続を求めることで、会社への影響力が強いものとの取引により会社の利益を損なう機会を抑制し、不適切な取引によるリスクを排除することが考えられています。

知っておきたいポイント 5-6

関連当事者取引と利益相反取引はどのように管理すればよいでしょうか

　関連当事者取引および利益相反取引は、会計帳簿に明確に区分されているわけではないため、いずれも取引の網羅性をどのように把握するかが重要なポイントになります。取締役には善管注意義務および忠実義務が課せられていますので、関連当事者の対象範囲および対象となる取引について十分に理解し、把握する義務があるといえます。そして、担当取締役のもと経理、法務、内部監査などの関係部署が協力して、関連当事者取引を適切に把握・管理する体制を構築することが重要です。

　また、連結財務諸表作成会社は、自社のみならず連結子会社と関連当事者との取引も抽出しなければなりません。したがって、子会社にも同様に役員等の意識付けおよび取引把握体制の構築が必要となります。

知っておきたいポイント **5-7**

関連当事者取引と利益相反取引の違いについて教えてください

　関連当事者取引と利益相反取引の取引範囲等についてまとめると次のようになります。1つの取引が関連当事者取引と利益相反取引の両方に該当するケースは多いですが、そもそも別の概念ですので、たとえ関連当事者取引としての開示が不要であっても、利益相反取引として取締役会の承認が必要な取引もあることに注意が必要です。

項目	関連当事者取引	利益相反取引
根拠条文	関連当事者の開示に関する会計基準・同適用指針	会社法356条、365条
当事者の範囲	役員、関係会社、主要株主など （詳細は　知っておきたいポイント **5-8** (2) 参照）	取締役 （詳細は　知っておきたいポイント **5-9** 参照）
直接取引	会社と関連当事者との取引（関連当事者会計基準5項 (1)）	取締役が当事者として自己または第三者のために会社とする取引（会社法356条1項2号）
間接取引	①関連当事者が第三者のために会社との間で行う取引 ②会社と第三者との間の取引で関連当事者が当該取引に関して会社に重要な影響を及ぼしている取引 （関連当事者会計基準5項 (1)）	会社が取締役の債務を保証すること、その他取締役以外の者との間において会社と当該取締役との利益が相反する取引（会社法356条1項3号）
該当する取引	対価の有無にかかわらず、資源もしくは債務の移転、または役務の提供	原則として、会社と取締役との間の財産上の法律行為のすべて
該当しない取引	該当するが開示対象とならない取引（財規8条の10、3項） ①一般競争入札による取引 ②預金利息および配当金の受け取り ③取引の性質から見て取引条件が一般の取引と同様であることが明白な取引 ④役員に対する報酬、賞与、退職慰労金の支払い	①行為の性質上、会社の利益の犠牲において取締役の利益を図る余地のない取引 例：無利息無担保の貸付取引 ②利益相反取引の外形を有するが、取締役と会社の間に実質的には利益の衝突が生じないと考えられる取引 例：完全子会社との取引 ③株主全員の合意による取引

項目	関連当事者取引	利益相反取引
手続	重要な関連当事者取引は財務諸表に注記する （詳細は知っておきたいポイント **5-8** 参照）	①すべての利益相反取引は、事前に取締役会に重要事実を開示して承認を受ける ②取引後、遅滞なく当該取引についての重要な事実を取締役会に報告する

知っておきたいポイント **5-8**

関連当事者取引について教えてください

(1) 関連当事者の定義

　関連当事者とは、ある当事者（A）が他の当事者（B）を支配しているか、または他の当事者（B）の財務上および業務上の意思決定に対して重要な影響力を有している場合の当事者等（A・B）をいいます（関連当事者会計基準5項（3））。

※当事者Aにとって当事者Bは関連当事者である
※当事者Bにとって当事者Aは関連当事者である

(2) 関連当事者の範囲

　関連当事者は、具体的に次にあげるものをいいます（関連当事者会計基準5項（3））。なお、関連当事者取引の適切な開示のために、関連当事者の範囲は形式的ではなく、実質的に判定する必要があります（関連当事者会計基準17項）。

グループ		関連当事者
法人	親会社、法人主要株主等	①親会社 ②その他の関係会社および当該その他の関係会社の親会社 ③財務諸表作成会社の主要株主（法人）
	関連会社等	①子会社 ②関連会社および当該関連会社の子会社 ③従業員のための企業年金
	兄弟会社等	①財務諸表作成会社と同一の親会社を持つ会社 ②その他の関係会社の子会社 ③財務諸表作成会社の主要株主（法人）が議決権の過半数を自己の計算において所有している会社およびその子会社
個人	役員および個人主要株主等	①財務諸表作成会社の主要株主（個人）およびその近親者（＊2） ②財務諸表作成会社の役員（＊1）およびその近親者 ③親会社の役員およびその近親者 ④重要な子会社の役員（＊3）およびその近親者 ⑤上記の①から④に掲げる者が、議決権の過半数を自己の計算において所有している会社およびその子会社

＊1：「役員」とは、取締役、会計参与、監査役、執行役またはこれに準ずるものをいう（関連当事者取引会計基準5項（7））。
＊2：「近親者」とは、二親等以内の親族をいう（関連当事者取引会計基準5項（8））。
＊3：「重要な子会社の役員」の「重要な」は「役員」にかかる。

(3) 開示対象となる重要な取引

　会社と関連当事者との取引のうち、重要な取引を開示対象とします（関連当事者会計基準6項）。開示対象となる重要性の判断基準については、開示の公平性の観点からも、実務上からも数値基準があった方が望ましいと考えられ、法人グループまたは個人グループのいずれかに区分して、それぞれの基準値に基づいて判断します（関連当事者適用指針15項、16項、28項）。

①法人グループ

- 親会社、その他の関係会社、法人主要株主等
- 子会社、関連会社、従業員のための企業年金等
- 兄弟会社等

判断項目	重要性の判断基準
損益計算書	
売上高	売上高の10%超
売上原価	売上原価と販管費の合計の10%超
営業外利益・費用	営業外利益または営業外費用の10%超（※）
特別利益・損失	10百万円超（※）
貸借対照表	
資産・負債残高	総資産の1%超
資金貸借取引 固定資産の購入・売却取引	総資産の1%超
事業譲受・譲渡	対象資産・負債のいずれか大きい金額が総資産の1%超

※当該基準を超えたとしても、税引前当期純利益または最近5年間の平均の税引前当期
　純利益の10%以下の場合には開示を要しない

②個人グループ

・役員、個人主要株主、親会社の役員、重要な子会社の役員等

判断項目	重要性の判断基準
損益計算書項目、貸借対照表項目のすべて	10百万円超の取引

知っておきたいポイント 5-9

利益相反取引における取締役の範囲について教えてください

　利益相反取引における取締役の範囲には、代表取締役や業務執行取締役だけではなく、すべての取締役が含まれます。任期満了または辞任により退任した取締役で、なお取締役の権利義務を有するもの（会社法346条1項）や、一時取締役としての職務を行うもの（仮取締役）（会社法346条2項）も含まれます。

会社法計算書類と有価証券報告書における開示内容の違いについて
教えてください

(1) 関連当事者取引に関する注記

　会社法計算書類においては、連結計算書類を作成している会社であって
も、関連当事者取引に関する注記は個別注記表のみに開示します。したがっ
て、連結上、相殺消去される連結子会社との取引についても開示対象となり
重要性によって開示されることになる点に留意が必要です。

　一方、有価証券報告書においては、連結財務諸表を作成している会社は、
個別財務諸表における注記は不要とされています。記載の要否は次のとおり
です。

	有価証券報告書	会社法・計算書類等
個別	× 財規8条の10	○ 計算規則98条1項15号
連結	○ 連結財規15条の4の2	× 計算規則98条2項4号

(2) 取締役等に対する金銭債権債務の注記

　会社法における個別注記表には、関連当事者取引注記のほかに、会社と取
締役等との間の取引による金銭債権・債務の期末残高を記載することが求め
られています（計算規則103条7、8号）。なお、取締役等の範囲は、取締役、
監査役および執行役です。

知っておきたいポイント **5-11**

関連当事者の存在に関する開示について教えてください

　財務諸表提出会社に親会社または重要な関連会社が存在している場合には、その存在に関する次の項目を開示する必要があります（関連当事者会計基準11項、38項、39項、関連当事者適用指針10項、11項）。

(1) 親会社の存在

　親会社は子会社を支配していることから、親会社の財政状態や経営成績を良くするために子会社との取引条件等に影響を及ぼすことが考えられます。したがって、会社に親会社が存在している場合には、投資家が会社への投資の意思決定を行うにあたって、その親会社の財務情報が有用であると考えられ、親会社の名称および上場・非上場の別等の開示が求められています。

(2) 関連会社の存在

　重要な関連会社の財務情報は持分法投資損益として損益計算書に計上されていますが、当該会社の業績が悪化した場合には、その連結グループの財政状態や経営成績に多大な影響を及ぼす可能性があると考えられています。したがって、重要な関連会社の名称および要約財務諸表の開示が求められています。

(コラム > ⑭) ストック・オプションおよび
コーポレートガバナンス・コードにおける関連当事者取引

1. ストック・オプションにおける関連当事者取引

役員報酬としてストック・オプションを付与するケースがあります。ストック・オプションの付与時と権利行使時によって、会社と役員の取引として関連当事者取引注記の開示対象となるか否かに違いがあります。

①付与時

役員に付与したストック・オプションは役員報酬として会計処理されるため、関連当事者取引ではありますが、開示対象外取引に該当します（関連当事者会計基準9項（2））。

②権利行使時

役員によるストック・オプションの権利行使は、資本金が増加する資本取引に該当するため開示対象となります。

2. コーポレートガバナンス・コードにおける関連当事者取引

コーポレートガバナンス・コードでは、企業に対して「原則1－7関連当事者間の取引」についての説明を求めています。関連当事者取引は、利益相反性の高い取引であり、一般株主の利益を害することが考えられますので、当該コードにおいて、取締役会による監視の仕組みを開示することが求められています。

3

売上債権が回収できないリスク

背　景

　当社は食品メーカーであり、主に卸売業者を通して一般顧客へ製品を販売しています。最近は、低価格競争のあおりを受けて業績が著しく悪化しています。経営者としては、トップラインである売上高を伸ばさないことには利益が獲得できず、株主へ説明責任が果たせないと考えています。

　そこで、営業担当者へは、販売意欲のある卸売業者に対して代金の回収サイトを遅らせる条件でも気にすることなく強気で販売することを指示しました。その結果、期末を迎えるにあたり、決算整理前ではありますが、前年同期比 120％の売上高を達成し、一部の新規取引先からの代金回収が滞っているものの利益も 110％となり、久しぶりに増収増益が見込まれることになりました。しかし、決算整理中に売掛金の回収が滞っていた取引先の財務状況を調査したところ相当程度に悪化していることから当該売上債権に対する貸倒引当金を計上しなければならず、その結果、売上高は前期を上回りましたが利益は前期を下回ってしまいました。

　企業にとっての製品販売活動は、売上高の計上だけではなく販売代金を回収し、それを次の製品販売に投資していくことは承知しています。当社は、過去に取引先が倒産したり、売上債権が貸し倒れてしまったりしたことはありません。また、回収が滞っている取引先は当期から新規に取引を開始した卸売業者ではありますが、昔から取引している会社か

らの紹介でもあり信頼していました。

　これらの状況を踏まえ、当社では新規取引開始にあたり財務内容の調査による与信限度の設定や貸倒引当金の計上ルールについて検討しています。

決算整理前		決算整理後	
売上高	1,000	売上高	1,000
売上原価	500	売上原価	500
売上総利益	500	売上総利益	500
販管費	300	販管費	300
営業利益	200	貸倒引当金繰入	200
		営業利益	0

経営者の疑問

売掛金を回収することの重要性は認識していて、回収が見込めなくなったことが明らかになった時点で損失を計上することは理解できますが、取引先の財務内容が多少悪化していて債権回収が遅れているからといって、取引先が倒産する前に当該売掛金に対して個別に貸倒引当金を設定することに違和感を覚えます。将来その会社が回復するかもしれない可能性があるにもかかわらず不確実な状況だからといって貸倒引当金を計上し、その結果、当期利益が影響を受けることは投資家等の判断をミスリードしてしまうのではないかと懸念しています。

アドバイス

事業活動の成果を説明する決算書において、投資家等は販売活動に伴う売掛金は将来の資金源として短期的に回収されると予測することによって企業の資金状況を把握します。そのため、企業は売掛金の回収に疑義が生じていることを決算書に表現しなければ、投資家等は誤った投資判断をしてしまい、その結果、企業の信頼が疑われることにつながりま

す。一方で、少しでも債権回収が遅れたからといって即座に貸倒引当金を設定することは過度の保守主義とも考えられます。

したがって、新規に取引を開始するにあたり、事前に取引先の財務状況を把握し与信限度を設定することにより、貸倒リスクを早めに察知するとともに、売掛金の回収が滞ったときには会計基準に基づいて取引先の財務内容を基に会社を分類し、貸倒引当金の設定を検討する仕組みを構築することが必要です。投資家等は、そのような債権管理の体制を前提に適時適切に債権評価の情報が反映された決算書を客観的に読み解くことによって適切な投資判断を行うことができます。

このように売掛金等の債権を評価するためには、事前の与信管理や事後の債権管理が重要であり、それは販売戦略のみならず事業の継続にも影響を及ぼす重要な業務であると考えます。

経営戦略と会計制度のつながり

企業間の取引は一般的に「掛け取引」で行われています。製品販売の対価としての売掛金は、通常、短期間で決済することを予定していることから「無リスク」と考えられ貸借対照表には帳簿価額で計上します。しかし、売掛金は短期間で現金化されることが保証されているわけではなく回収できないリスク（貸倒リスク）が潜在しています。

外部に製品を販売することによって売上が計上され、原価や費用が控除されて利益は計上されます。その利益計算においては、売掛金の回収の有無は直接的には反映されていませんので、売掛金を回収しなくても利益には影響しません。しかし、売掛金を回収しなければ利益の裏付けとなる現金がなくなり、会社の運営（給与や経費等の支払い）や次なる投資（製品の原材料購入・製造活動）ができなくなります。その結果、利益を計上していながら資金繰りが圧迫してしまい、ひいては黒字倒産になりかねない状況になります。投資家等は企業に対して業績のみならず資金繰り（キャッシュ・フ

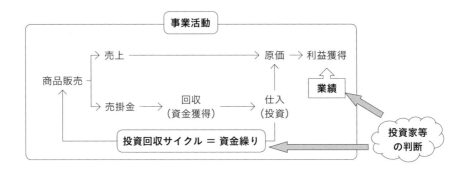

ロー）にも注目しています。

　したがって、企業活動を継続するためには売掛金を期日どおり確実に回収する必要があるので、売掛金の回収状況を管理することが大切です。そして、売掛金の回収が滞留している取引先があればその企業の財務状況等に応じて債権を区分し、将来の損失に備えるために引当金を設定します。その結果、利益計算の中に貸倒引当金繰入として損失が計上され、それらが反映した利益とその裏付けとなるキャッシュ・フローがバランスし、健全な財政状態・経営成績を報告することができます。

　金融機関においては、債務者の財政状態、資金繰り、収益力等により返済能力を判定（自己査定）し、その状況等により「正常先・要注意先・破綻懸念先・実質破綻先・破綻先」の5段階に区分し、担保保全の状態に応じて貸倒引当金を設定しています。しかし、一般事業会社は金融機関の自己査定のように、すべての取引先の財務状況等を把握することは困難であるため債権区分を厳密に行うことは難しいと考えられることから、金融機関の債務者区分と厳密に対応させる必要はないと考え、売上債権等を「一般債権・貸倒懸念債権・破産更生債権等」の3段階に区分し、それぞれの区分に応じて貸倒見積額を算定することとしました（金融商品会計基準27項、金融商品実務指針106項、295項）。

知っておきたいポイント **5-12**

売上債権の３段階の区分はどのように行うのでしょうか

　原則として、債権は債務者の財政状態および経営成績等に応じて次のように３段階に区分します（金融商品実務指針109項、112項、116項）。

債権区分	内容
一般債権	経営状態に重大な問題が生じていない債務者に対する債権であり、貸倒懸念債権および破産更生債権等以外の債権
貸倒懸念債権	経営破綻の状況には至っていないが、債務の弁済に重大な問題が生じているか、または生じる可能性の高い債務者に対する債権であり以下の場合が含まれる。 ● 現に債務の弁済がおおむね1年以上遅滞している ● 弁済期間の延長、弁済の一時棚上げ、元金または利息の一部免除などの条件緩和を行っている ● 業況の低調などにより債務の一部を条件どおりに弁済できない可能性が高い ● 現に、または実質的に債務超過である
破産更生債権等	経営破綻または実質的に経営破綻に陥っている債務者に対する債権で以下の場合が含まれる。 ● 破産、清算、会社整理、会社更生、民事再生、手形不渡り等の法的・形式的な事由が生じている ● 深刻な経営難の状態にあり、再建の見通しがない状態にあると認められる

　しかし、一般事業会社においては、すべての債務者について業況の把握および財務内容等に関する情報の入手を行うことは困難であることが多いため前述の３つの債権区分を厳密に行うことは難しく、また、その必要性も低いことが多いと考えられます。したがって、原則的な区分方法に代えて、実務的には売上債権の計上月からの経過期間（年齢調べ表）に応じて債権区分を行うなどの簡便な方法も合理的と考えられています（金融商品実務指針106項、107項）。一方で、機械的な区分、例えば「上場会社や一定以上の格付けを得ている会社は一般債権に区分する」などは合理的ではないと考えられ

ますので留意が必要です（金融商品実務指針 296 項）。

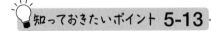

知っておきたいポイント **5-13**

貸倒引当金の算定方法について教えてください

　貸倒引当金の算定は、債権の回収見込額を算定することであり、債権額から回収見込額を控除して求められます。そしてその検討過程において企業の状態を的確に把握することにより、当該企業と将来的に取引を継続するか否かの判断に資するとともに、自社の資金繰り計画等に役立てることができます。債権の貸倒見積額は、前述の債権区分に応じてそれぞれ次の方法によって算定します（金融商品会計基準 28 項）。

債権区分	算定方法	算定方法の内容
一般債権	貸倒実績率法	債権全体または同種・同類の債権ごとに、過去の貸倒実績率等の合理的な基準により算定
貸倒懸念債権	財務内容評価法	債権額から担保の処分見込額および保証による回収見込額等を減額し、その残額について債務者の財政状態および経営成績を考慮して算定
	キャッシュ・フロー見積法	貸付金等の債権の元本および利息の受取りが見込まれる時期と金額を反映した将来キャッシュ・フローを現在価値に割り引いた総額と帳簿価額との差額
破産更生債権等	財務内容評価法	債権額から担保の処分見込額および保証による回収見込額等を減額した残額

　一般債権の貸倒見積額を算定する際に、「同種・同類の債権ごとに過去の貸倒実績率等の合理的な基準」を用いますが、一般債権の中に信用リスクの異なる債権が含まれている場合には、債権全体について１つの貸倒実績率で貸倒見積額を算定することは適切ではありません。そこで、信用リスクのランク付けなどを行って、それぞれのリスクに応じて分類した債権ごとに、それぞれの貸倒実績率を乗じて算定することが望ましいと考えます（金融商品実務指針 297 項）。

知っておきたいポイント **5-14**

すべての債権に対して貸倒引当金の設定を検討する必要がありますか

　貸倒引当金を設定する債権は、将来に金銭を回収する目的である金銭債権（売掛金、受取手形、貸付金など）に限定されます。契約により継続して役務の提供を受ける前払費用のように、将来に役務の提供を受ける権利については貸し倒れが生じる可能性はないと考えられるため貸倒引当金を設定する必要はありません。また、国に対する金銭債権である未収法人税等など貸し倒れが生じる可能性が極めて低い債務者に対する債権についても貸倒引当金を設定する必要はありません。

知っておきたいポイント **5-15**

実際に債権が貸し倒れた時はどのように処理すればいいですか

　貸し倒れが生じた債権に対して過去に個別に貸倒引当金を設定していたかどうかにより会計処理は異なります（金融商品実務指針 123 項）。

(1) 個別に貸倒引当金を設定していた債権が貸し倒れた場合

　貸し倒れた債権に設定していた貸倒引当金残高を取り崩し、貸倒引当額が不足している場合は貸倒損失として計上します。

借方		貸方	
貸倒引当金（BS）	××	売掛金	××
貸倒損失（PL）	××		

(2) 個別に貸倒引当金を設定していない、当期発生の債権が貸し倒れた場合

当期に販売した相手先が倒産するなどにより、貸倒引当金を設定していない債権が貸し倒れた場合は、貸倒損失額を債権から直接減額します。

借方		貸方	
貸倒損失（PL）	××	売掛金	××

(3) 一般債権に分類していた前期発生の債権が当期に貸し倒れた場合

一般債権に分類しているため個別には貸倒引当金を設定していない債権が当期に貸し倒れた場合は、一般債権に対して貸倒実績率で算定して計上した貸倒引当金残高を取り崩します。

借方		貸方	
貸倒引当金（BS）	××	売掛金	××

なお、破産更生債権等に区分した債権は、担保および保証による回収見込み額を控除した残額について貸倒引当金の計上を行い、次に損失がほとんど確実となった時点でその引当金と債権の回収不能額を相殺します（金融商品Q & A42）。

知っておきたいポイント 5-16

一般債権において過去に貸し倒れの実績がない場合は、どのように貸倒実績率を算定するのでしょうか

企業の業務の特性や債権の内容から、過去（貸倒引当金の算定対象期間であるおおむね3年間）に貸し倒れの実績がなく、将来においても貸し倒れの発生の可能性がないと合理的に予想される場合には、一般債権に対する貸倒引当金繰入額はゼロとなります。

　しかし、貸倒実績率の算定対象期間中（おおむね3年）に貸し倒れの実績はないものの、それより前に貸し倒れの発生があった場合には留意が必要です。当該貸し倒れのあった取引先および債権の内容、発生した当時における企業内の債権管理体制と外部経営環境等を現在企業が有する債権および企業における状況と比較して、期末に有する債権の回収期間内において、貸し倒れの発生がないものと合理的に予想される場合以外は、貸倒引当金繰入額をゼロとすることは認められないと考えられます。この場合には、企業の過去における貸倒実績率の推移等に基づいて適用する貸倒実績率を算定しなければなりません（金融商品Q&A40）。

知っておきたいポイント 5-17

　個別の債権に引き当てた貸倒引当金は、一般債権に対する貸倒実績率の計算上どのように取り扱うのでしょうか

　一般債権に対する貸倒実績率は次の式により算出します。

$$貸倒実績率 = \frac{当期の貸倒損失}{期首の債権残高}$$

※債権の平均回収期間が1年未満の場合
　• 貸倒実績率は当期首債権残高に対する当期の貸倒損失発生割合として算定する。
　• 当期に適用する貸倒実績率は、過去3算定年度に係る貸倒実績率の平均値とする。

　一方で、「貸倒懸念債権」または「破産更生債権等」に対する貸倒引当金は、当該債権が回収できないため損失となる可能性が高いとして見積り計上されたものです。しかし、見積り計上である以上、次のような不確実性があります。
　①まだ損失として実現していないこと
　②担保および保証による回収見込額は、実際の回収額とは差異が生じると

みられること

③貸倒懸念債権の場合、担保および保証による回収見込額を控除した残額の50%を引き当てるなど、簡便的な方法によることもあること

そこで、専門家による評価など、十分に精度の高い担保および保証の回収見込額に基づき引き当てられているものや、損失として早々に実現する可能性が高いものについては、これを貸倒実績率の分子の「当期の貸倒損失」に含めて算定することは差し支えなく、また、それが実態をより反映することになるものと考えます（金融商品Q＆A41）。

コラム> ⑮ 貸倒引当金繰入または戻入の表示方法

　前期末に計上した貸倒引当金が当期末に残っている場合は、当期末に改めて算定した貸倒引当金に置き換えます。それに応じて過不足額を貸倒引当金繰入または貸倒引当金戻入として損益計算書に表示します。

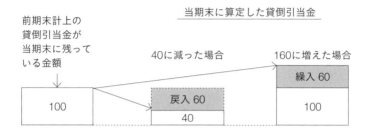

　なお、貸倒引当金繰入は貸倒引当金の対象となった債権の性質により、営業費用または営業外費用の区分に表示し、貸倒引当金戻入は原則として営業費用から控除するか営業外収益として表示します（金融商品実務指針 125 項）。

〈貸倒引当金に関する繰入・戻入の計上区分〉

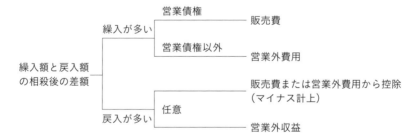

4

廉価販売により
赤字が見込まれる製品の価値

背 景

　当社は中堅の化学メーカーです。当社では主に海外から調達した原材料を基に製品を製造し、国内外の企業に販売しています。当社の主力製品Ａはニッチな市場に属しており、また、当該製品を製造するためには多額の設備投資を要するため新規参入障壁は高く、これまでＡ製品市場は当社が独占している状態にありました。そのため、Ａ製品は価格競争にさらされることなく販売価格を維持することができていました。

　近年、Ａ製品の使用用途が広がり需要が拡大してきたため魅力的な市場となってきたので、他社でも数年前から新規参入の意思決定が行われ製品原価を下げるために新興国において急速に設備投資が進められています。そして遂に、他社製品の当該市場への参入がはじまり、市場は需要増加以上に供給が増え、これまで安定して高値を維持してきた販売価格が価格競争によって下落しはじめ、また当社のシェアも落ちてきて経営成績が大幅に悪化することとなってしまいました。そこで、Ａ製品に関する事業戦略を見直すべく採算性を検討したところ、これまでは販売価格が製造原価を下回ることはありませんでしたが、価格競争に伴って、赤字になるくらいの販売価格でなければ売れない可能性が出てきました。そのため、赤字が見込まれる期末の在庫製品について、どのような戦略を取るべきなのか検討しています。

経営者の疑問

A製品は近年販売価格が下落していますが、回転期間は数ヶ月程度であるため、短期間で販売できるものです。また、当社は他の製品Bの販売により全社的には黒字の会社なので、販売すれば赤字になるかもしれないA製品が期末在庫に残っているとしても、その在庫は廃棄することなく価格を度外視してでも売り切ることを考えています。したがって、翌期の販売時点で損失が発生するので当期の決算において何も対応する必要はないと考えています。

アドバイス

A製品の販売サイクルが短かったとしても、販売した時に赤字が見込まれる場合には、当該製品の収益性(販売によって原価等を回収する力)が低下していると考えます。したがって、原価等が回収できないことにより将来の赤字が見込まれた時点(主に期末で評価)で、その損失は販売予定の翌期に繰り延べずに当期の費用として処理する必要があります。また、会社が複数の製品を販売している場合、全体として黒字になっていればよいというものではなく、事業運営上、赤字のA製品については何らかの策を講じる必要があるという視点からもA製品に潜在している損失を明らかにすることが重要です。

一方、市場で赤字のA製品を販売していることによって同じ市場で黒字のB製品が販売でき、結果的にA・B両製品の合計で黒字が確保できるなど、市場における相互依存性が認められる場合はA・B両製品の損益見込みを合計して評価することも考えられます。しかし、相互依存性が認められない場合には、A・B各々の製品単位で収益性を評価する必要があり、赤字要因を分析することによって、将来の製品戦略を検討することができると考えます。このように、当期の販売実績に伴い計上された損益だけでなく、棚卸資産の中に潜在する損失までを適時に把握することによって、今後の販売戦略の策定に役立てることができ、このことは財務諸表利用者にとっても会社の財政状態や経営成績を理解するために有用な情報となります。

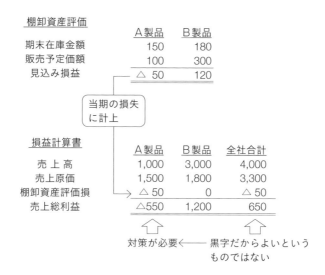

棚卸資産評価

	A製品	B製品
期末在庫金額	150	180
販売予定価額	100	300
見込み損益	△ 50	120

当期の損失
に計上

損益計算書

	A製品	B製品	全社合計
売 上 高	1,000	3,000	4,000
売上原価	1,500	1,800	3,300
棚卸資産評価損	△ 50	0	△ 50
売上総利益	△550	1,200	650

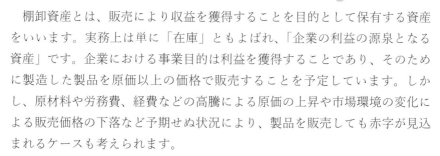

対策が必要←── 黒字だからよいという
ものではない

経営戦略と会計制度のつながり

　棚卸資産とは、販売により収益を獲得することを目的として保有する資産をいいます。実務上は単に「在庫」ともよばれ、「企業の利益の源泉となる資産」です。企業における事業目的は利益を獲得することであり、そのために製造した製品を原価以上の価格で販売することを予定しています。しかし、原材料や労務費、経費などの高騰による原価の上昇や市場環境の変化による販売価格の下落など予期せぬ状況により、製品を販売しても赤字が見込まれるケースも考えられます。

　過去の会計基準では、このような赤字が見込まれる製品であっても、品質低下や陳腐化が生じていない場合は、原則として取得原価を維持し（赤字見込みを棚卸資産評価に反映させない）、販売時に赤字計上することと考えていました。これは、資産の取得原価を販売した時の収益に対応させることにより、適正な期間損益計算を行うことができると考えられていたためです。すなわち、当期の損益が、期末在庫の時価の変動や将来の販売時点に確定する損益に

よって歪められることは適当ではないという考えでした（棚卸会計基準35項）。

しかし、このような赤字が見込まれる棚卸資産を取得原価で貸借対照表に計上すると、棚卸資産残高が実質的な財政状態を表さず、財務諸表利用者の意思決定をミスリードしてしまいます。なぜなら、棚卸資産は本来、「企業の利益の源泉となる資産」であり、財務諸表利用者は、棚卸資産は将来販売することによって利益が生まれると予想しているからです。

また、経営管理上も棚卸資産の隠れ損失を「見える化」させることは有用です。在庫を販売するまで損失を把握できないと、事業戦略の意思決定の誤りや遅れを招いてしまう可能性があります。したがって、現在の会計基準では、将来の赤字が見込まれる棚卸資産については収益性が低下したと考え、簿価を切下げるという処理が採用されています。

この収益性の低下に伴い回収可能な額まで帳簿価額を切下げることは、販売によっても回収できない過大な帳簿価額を切下げ、損失の繰り延べを防止することにあり、また、財務諸表利用者に的確な情報を提供できるものと考えられています（棚卸会計基準36項）。

なお、この簿価の切下げは、棚卸資産の時価評価を行うことではありません。赤字が見込まれる製品Ａは販売時価が帳簿価額よりも下回っているため簿価の切下げを行い販売時に損失が生じないようにします。一方、黒字が見込まれる製品Ｂの販売時価は帳簿価額を上回っていますが、簿価の切上げは行いません。製品Ｂのように、販売時価が棚卸資産帳簿価額を上回っている状態は、事業を営んでいくうえで正常であり、原則どおり販売時に利益を計上することになります。

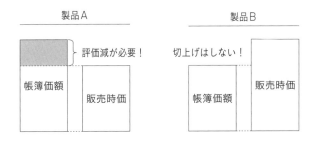

💡知っておきたいポイント **5-18**

棚卸資産を評価するためにどのような時価を用いるのですか

　時価としては、販売価格から見積追加製造原価および見積販売直接経費を控除した金額を用います。これを「正味売却価額」といいます（棚卸会計基準5項）。ただし、製造業における原材料等のように再調達原価の方が把握しやすく、正味売却価額と再調達原価が同様の動きをすることが想定される場合には、継続適用を条件として購買市場の時価に購入に付随する費用を加えた「再調達原価」を時価とすることができます（棚卸会計基準6項、10項）。

　実務的には、期末日前後の販売実績に基づく価額や、販売数量の大部分を占める特定の販売先との間の契約で取り決められた一定の価額、または期末日前の一定期間（例えば、期末月1ヶ月）の平均販売価格などを基に販売価格を決定するなど、企業の実態に即した合理的な方法を用いることが考えられます。

〈売価から算定する場合〉　　　〈再調達原価から算定する場合〉

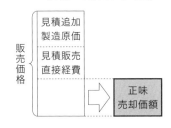

💡知っておきたいポイント **5-19**

収益性低下の判断および簿価切下げはどのような製品群で行いますか

　棚卸資産への投資の成果、すなわち、どのように販売して資金を回収する

かは、通常、個別品目ごとに確定することから、収益性の低下の有無に係る判断および簿価切下げは、原則として個別品目ごとに行います。ただし、複数の品目の棚卸資産を一括りとした単位で判定することが投資の成果を適切に示すことができると判断される場合には、継続適用を条件として複数品目を一括りとした単位で検討を行うことができます（棚卸会計基準12項、53項）。複数品目の括り方について継続適用を条件にすることによって、個別品目の棚卸資産の収益性が低下したからといって、他の品目の棚卸資産を一括りとして評価減を恣意的に免れることができないようにしています。

　個別品目ごとに収益性を適時に把握することによって、不採算アイテムの販売継続の意思決定を行うことができるなど、事業戦略上も有用な情報となると考えられます。

　簿価を切下げる際の収益性低下の判断および簿価切下げの資産の単位よって、評価減の金額が異なることを設例により解説します。

〈設例〉

　当社では、製品Ａおよび製品Ｂを製造販売しています。製品Ａおよび製品Ｂの帳簿価額、期末日直近の販売実績単価、期末月の平均販売価格は次のとおりです。

	帳簿価額 （在庫単価）	ケース1 時価	ケース2	
			直近の販売 実績単価	期末月平均 販売単価
製品A	100	70	70	110
製品B	100	150	120	110
合計	200	220	190	220

(1) ケース1：評価単位の違い（個別品目か複数品目か）により評価結果が異なる場合

　個別の品目ごとに判断すると、製品Ｂは時価150が帳簿価額100を上回るため評価減する必要はありません。しかし、製品Ａは時価70が帳簿価額100

を下回るため、30 の評価減が必要となります。

　一方、製品Ａと製品Ｂを一括りとした単位で判断することが適切であると考えられる場合には、時価 220 が帳簿価額 200 を上回るため、製品Ａ、Ｂともに評価減は不要となります。

　個別の品目ごとに判断するのか、製品Ａと製品Ｂを一括りで判断するのかについては、一度定めたら継続的に適用する必要があります。

(2) ケース２：時価の違いにより評価結果が異なる場合

　時価として何を用いるかによって、評価減についての結論が異なる場合があります。製品Ｂは時価として「期末日直近の販売実績単価」を用いた場合でも「期末月平均販売単価」を用いた場合でも、時価が帳簿価額を上回るため、評価減の必要はありません。

　一方、製品Ａは「期末月平均販売単価」を用いた場合に、時価 110 が帳簿価額 100 を上回るため評価減の必要はありませんが、「期末日直近の販売実績単価」を用いた場合には時価 70 が帳簿価額 100 を下回るため、30 の評価減が必要となります。

　時価として何を用いるかについても、企業の経営実態と適合している必要があり、かつ、一度定めたものを継続的に適用する必要があります。

> 💡 **知っておきたいポイント 5-20**
>
> 評価減した損失は翌期においてどのような会計処理になるのでしょうか

　棚卸資産の帳簿価額を評価減した場合の翌期の会計処理方法としては、洗替え法（あらいがえほう）と切放し法（きりはなしほう）のいずれかによることができます。

　洗替え法とは、当期末の評価減の金額を翌期首に棚卸資産原価に戻し入れる処理です。したがって、当初の見積金額どおりに販売すると販売時点で赤字が計上されますが、期首の戻入額と相殺されます。

切放し法とは、棚卸資産の金額について、翌期になっても前期末に切下げた簿価のままにする処理です。したがって、当初の見積金額どおりに販売すると販売時点では損益は出ません。なお、仕訳による違いは コラム>⑯ をご参照ください。

棚卸資産は短期に販売されることが前提となっており、洗替え法でも切放し法でも販売した事業年度の損益への影響は変わらないため、自社の会計システムにおいて適切な原価等の管理ができる方法を採用することが望まれます。ただし、いったん採用した方法は、継続して適用しなければなりません。

なお、収益性の低下に伴う評価減を要因別（物理的な劣化、経済的な劣化、市場の需給変化の要因など）に区分できるときには、その要因ごとに洗替え法または切放し法のいずれかを採用することができます（棚卸会計基準14項）。

コラム>⑯ 洗替え法と切放し法の仕訳例

①×1年期末時点の製品の取得原価は250であった。
②×1年期末時点の見積正味売却価額は150であったため、評価損100を計上した。
③×2年に当該製品を150で売却した。

	洗替え法		切放し法	
	借方	貸方	借方	貸方
×1年期末の評価	製品評価損 100	製品 100	製品評価損 100	製品 100
×2年期首	製品 100	製品評価損戻入 100	なし	
販売時	売掛金 150	売上高 150	売掛金 150	売上高 150
×2年期末	売上原価 250	製品 250	売上原価 150	製品 150
×2年損益計算書	売上高 150 売上原価 250 評価損戻入 100 利益 0		売上高 150 売上原価 150 評価損戻入 0 利益 0	

5

過年度の会計処理が
間違っていたときの対応

背 景

　当社は3月決算の上場企業です。前期の決算も終わり、無事に株主総会も終了しました。現在は、第1四半期の決算作業中ですが、その過程で前期末の棚卸資産の評価資料に誤りを発見しました。製品在庫について、赤字販売にならないかどうかの検討資料に漏れがあり、前期末の製品在庫金額が過大となり、同額売上原価が過少、利益が過大となっていました。

　これは経理担当者による単純なミスであり、また、経理部長もその誤りに気が付かずに関連資料を承認していました。一方で、前期の業績は市場の好調もあり目標を十分にクリアした状況であり、各部門に対する過度なプレッシャーを与えていなかったので、決算を良く見せようとする恣意性はないと判断しています。

　しかし、金額的重要性を考慮して修正は必要と考えており、当期の損益計算書において「前期損益修正損」として計上することを検討しています。

経営者の疑問

　経営者として前期の会計処理の誤りを修正するにあたり、悪意ではなく、また、過年度の業績はすでに終了していることから、当期にその内容を投資家へ開示することで十分であると考えています。

　しかし、CFO や監査役からは、過年度の財務諸表の修正や多方面にわた
る影響があるので、関係者による慎重な調査・検討が必要であると提言を受
けています。

アドバイス

　　　　前期の確定した決算に誤りが発見され、それがたとえ単純なミス
であり恣意性がないとしても、誤ってしまった原因を究明し、必要
に応じて多方面への影響を検討し対処する必要があります。
　過去の会計処理の誤りに関しては、「会計上の変更及び誤謬の訂正に関する
会計基準」において定められています。そこでは、過去の財務諸表における誤
りが発見された場合には、過去の財務諸表を訂正することが求められていま
す。そして、過去の財務諸表の訂正に伴って、有価証券報告書の訂正報告書の
提出の検討、株主総会において承認・確定した会社法の計算書類等の取扱い、
確定決算に基づいた税務申告書への影響が考えられます。また、監査人や監査
役の過去の監査報告にも影響します。
　さらに、当該誤りの発生原因が決算業務における担当者のミスおよび上長の
承認手続のミスであるならば、財務報告に係る内部統制における内部統制報告
書への影響も検討しなければなりません。
　以上のような調査を行うにあたり、必要に応じて内部または外部を含めた調
査委員会の設置も検討対象となると考えられます。単純ミスであり恣意性がな
いとしても、多方面への影響を慎重に検討する姿勢が重要です。

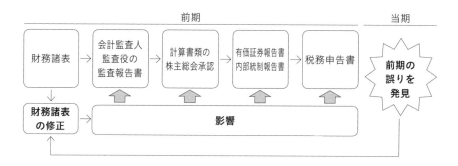

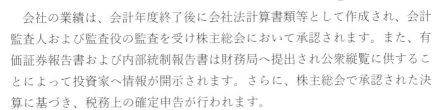

経営戦略と会計制度のつながり

　会社の業績は、会計年度終了後に会社法計算書類等として作成され、会計監査人および監査役の監査を受け株主総会において承認されます。また、有価証券報告書および内部統制報告書は財務局へ提出され公衆縦覧に供することによって投資家へ情報が開示されます。さらに、株主総会で承認された決算に基づき、税務上の確定申告が行われます。

　このような状況において、すでに株主総会決議も終了している過年度の決算に誤りが発見されたとしても、会社が事業を展開していくうえでは、当期の損益に反映させ、その旨、投資家等に開示することが合理的と思われていました。

　以前から、会計上の誤りの取扱いに関する定めとしては、企業会計原則注解（注12）において、特別損益項目としての「前期損益修正項目」があります。ここでいう「前期損益修正項目」は、過去の期間の損益に含まれていた計算の誤り、あるいは不適当な判断を当期において発見し、その修正を行うことから生じる損益項目であると一般に考えられています。このように、従来の取扱いとしては、「前期損益修正項目」として当期の損益で修正する方法が示されており、過年度の損益を修正する方法は定められていませんでした（過年度遡及基準63項）。

　しかし、過年度の会計上の誤りを当期の損益で修正すると、当期の損益計算の中に過年度の損益が含まれてしまうため、会社の業績の期間比較や他社との比較可能性を損なうことになるとも考えられます。また、国際財務報告基準においては、当期に発見された前期の誤りについて、当期の財務諸表に比較情報として表示される前期の財務諸表（比較財務諸表）の中で訂正することとされています。さらに、米国会計基準でも財務諸表の公表後に誤りが発見された場合には、過去の財務諸表を修正することとされています。

　わが国においては、財務諸表に重要な影響を及ぼす過去の誤りが発見された場合、金融商品取引法上の訂正報告書の提出事由に該当するときには、財

務諸表の訂正を行うことになるため、過去の誤りの訂正の枠組みは開示制度において手当て済みであるとも考えられます。また、訂正報告書の提出事由に該当しない誤りについても、前述の前期損益修正項目として特別損益に計上する取扱いがあります（過年度遡及基準64項）。

しかしながら、過去の誤りを過去の財務諸表に反映することは、企業業績の期間比較および企業間比較が可能な情報を開示するという観点からも投資家等に対して有用であり、また、国際的な会計基準とのコンバージェンスを図るという観点からも望ましいと考えられ、「会計上の変更及び誤謬の訂正に関する会計基準」により、過去の財務諸表の修正という会計処理が導入されました。

この結果、過去の誤りを前期損益修正項目として当期の特別損益で修正する従来の取扱いは、当期の財務諸表に比較情報として表示される過去の財務諸表を修正する方法に変更することになりますが、重要性の判断に基づき過去の財務諸表を修正しない場合は、損益計算書上、その性質により当期の営業損益または営業外損益として認識する処理が行われることになると考えられます（過年度遡及基準65項）。

知っておきたいポイント 5-21

会計処理の誤りのほかに、どのような場合に過去の財務諸表を修正することがありますか

会計処理の誤りのほかに、会計方針の変更、表示方法の変更などの場合に過年度の財務諸表を修正します。用語の説明と原則的な会計上の取扱いは次のようになっています。

(1) 用語の定義 (過年度遡及基準)

用語	定義	基準
会計上の変更	会計方針の変更、表示方法の変更および会計上の見積りの変更をいう。	4 (4)
会計方針	財務諸表の作成にあたって、採用した会計処理の原則および手続をいう。	4 (1)
会計方針の変更	従来採用していた一般に公正妥当と認められた会計方針から、他の一般に公正妥当と認められた会計方針に変更すること。	4 (5)
表示方法	財務諸表の作成にあたって採用した表示の方法をいう。	4 (2)
表示方法の変更	従来採用していた一般に公正妥当と認められた表示方法から、他の一般に公正妥当と認められた表示方法に変更すること。	4 (6)
会計上の見積り	資産および負債や収益および費用等の額に不確実性がある場合において、財務諸表作成時に入手可能な情報に基づいて、その合理的な金額を算出することをいう。	4 (3)
会計上の見積りの変更	新たに入手可能となった情報に基づいて、過去に財務諸表を作成する際に行った会計上の見積りを変更すること。	4 (7)
誤謬	原因となる行為が意図的であるか否かにかかわらず、財務諸表作成時に入手可能な情報を使用しなかったことによる、またはこれを誤用したことによる誤りをいう。	4 (8)
遡及適用	新たな会計方針を過去の財務諸表に遡って適用していたかのように会計処理すること。	4 (9)
財務諸表の組替え	新たな表示方法を過去の財務諸表に遡って適用していたかのように表示を変更すること。	4 (10)
修正再表示	過去の財務諸表における誤謬の訂正を財務諸表に反映すること。	4 (11)

(2) 会計上の取扱い（過年度遡及基準）

	原因	原則的な会計上の取扱い	基準
会計上の変更	会計方針の変更	新たな会計方針を過去の期間のすべてに【遡及適用】する	6(1)(2)
	表示方法の変更	過去の財務諸表について、新たな表示方法に従い【財務諸表の組替え】を行う	14
	会計上の見積りの変更	①変更期間のみに影響する場合 →当該変更期間に会計処理を行う ②将来の期間にも影響する場合 →将来にわたり会計処理を行う	17
過去の誤謬の訂正		過去の財務諸表を【修正再表示】する	21

知っておきたいポイント 5-22

過去の会計処理の誤りである「誤謬」について教えてください

「誤謬」とは財務諸表の「誤り」のことですが、従来の監査上の取扱いでは財務諸表の意図的でない誤り（虚偽の表示）であって、金額または開示の脱漏を含むとしていました。しかし、会計上において財務諸表の誤りが意図的であるか否かにより、その取扱いを区別する必要はないと考えられるため、国際財務報告基準や米国会計基準と同様に不正に起因するものを含めて「誤謬」を定義することになりました（過年度遡及基準41項、42項）。

過去の誤謬を訂正した時の原則的な会計上の取扱いである「財務諸
表の修正再表示」について教えてください

　過去の財務諸表に誤謬が発見された場合には、原則として次の方法により
財務諸表を修正再表示します（過年度遡及基準21項）。

①表示期間より前の期間に関する修正再表示による累積的影響額は、表示
　する財務諸表のうち最も古い期間の期首の資産、負債および純資産の額
　に反映する。

②表示する過去の各期間の財務諸表には、当該各期間の影響額を反映する。

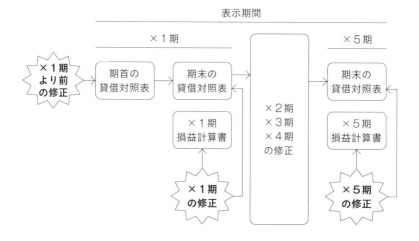

　例えば、有価証券報告書などの「主要な経営指標の推移」に5期分の表示
があった場合、表示期間より前からの誤謬の修正を表示期間である5期分に
反映させることになります。上図において、×1期より前に発生している誤
謬を×1期首の貸借対照表に、それまでの累積的影響額、すなわち、誤謬を
過去に遡って修正した累積的な結果を売掛金や買掛金、利益剰余金などの貸
借対照表項目に反映させます。そして、×1期の損益計算書において×1期

の誤謬を修正することによって、×1期末の貸借対照表は×1期より前からの誤謬の修正が反映されたものになります。同じように×2期から×5期へと各期の修正を反映させていきます。

知っておきたいポイント 5-24

過去の誤りを修正した場合、会社にとってどのような影響がありますか

過去の誤謬が重要であるため財務諸表を修正する場合には、その検討プロセスを含めて多方面へ影響が及ぶことを認識し、適時適切に対応しなければなりません。主に次のような検討事項が考えられます。

検討事項	検討する内容
調査委員会の設置	• 誤謬の内容、発生原因、金額、不正の疑い等の状況を調査するため必要に応じて内部または外部を含めた調査委員会の設置 • 投資家等へ適時開示
有価証券報告書等の訂正	• 過去から継続している処理に重要な誤謬がある場合は、過去5年間の有価証券報告書および四半期報告書の訂正報告書の提出
内部統制報告書の訂正	• 財務報告に係る内部統制の評価の見直しによる訂正内部統制報告書の提出
株主総会決議の取扱い	• 株主総会で確定した決算書（会社法の計算書類等）の修正 • 臨時株主総会の招集
税務申告書の取扱い	• 確定決算の修正（株主総会での修正）に伴う確定申告書の修正
監査人	• 誤謬が継続していた過去の期間の会計監査のやり直し • 監査契約解除への対応
監査役	• 誤謬に不祥事の疑いがある場合、必要に応じて内部または外部を含めた調査委員会の設置を求める • 取締役および当該調査委員会の対応の状況について監視・検証
証券市場	• 上場している市場における上場廃止基準へ抵触した場合、内部管理体制改善等の実施および報告 • 株主代表訴訟への対応 • 証券取引等監視委員会による調査および課徴金勧告を受けた時の対応

知っておきたいポイント 5-25

過去の誤謬が発見された場合、すべて修正再表示が必要でしょうか

　会計方針の変更などの会計上の変更に対しても、また、過去の誤謬に対しても、財務諸表利用者の投資意思決定への影響に照らした重要性が考慮されます。重要性の判断は、金額的重要性と質的重要性の両面から行います（過年度遡及基準35項）。具体的な判断基準は、企業の個々の置かれている状況によって異なると考えられますが、判断の考え方には主に次のような項目があります。

重要性	金額的	質的
判断内容	• 損益への影響額または累積的影響額 • 損益の趨勢への影響 • 財務諸表項目への影響	• 企業の経営環境 • 財務諸表項目の性質 • 誤謬が生じた原因

知っておきたいポイント 5-26

過去の誤謬を発見しましたが、修正再表示が不可能な場合はどうすればよいでしょうか

　過去の重要な誤謬を発見しつつも修正再表示が実務上不可能であるために修正しなかった場合には、修正されていない財務諸表が適正であるという企業の表明と矛盾することになります。したがって、会計基準においては、そのような取り扱いは設けられませんでした。しかし、実務的には誤謬の修正再表示が不可能な場合が生じる可能性は否定できません。可能な限り誤謬を訂正したうえでもなお、重要な未訂正の誤謬が存在する場合には、表示される財務諸表の有用性が損なわれることになるので、実務においては、例えば、どこまでが信頼性を確保できるかなど、その事実を明らかにするために、当該未訂正の誤謬の内容ならびに訂正済みの誤謬に関する訂正期間および訂正方法を開示するなどの対応がなされるものと考えられます（過年度遡及基準66項、67項）。

（コラム〉⑰）　**修正再表示の記載例および注記例**

1. 修正再表示はどのように行うのでしょうか

　過去の誤謬を修正再表示する場合には、当期の有価証券報告書に比較情報として表示される前期の財務諸表を修正します。

例 1. 前期の誤謬の修正再表示

　A 社の経理部長は、当連結会計年度の決算の締め処理を行っている過程で、前連結会計年度における棚卸資産の評価資料に誤りがあり、棚卸資産が 50,000 過大、売上原価が同額過少となっていることに気が付いた。A 社では当該誤謬について、当連結会計年度の報告の中で訂正を行うこととした。A 社の連結決算日は 3 月 31 日、法定実効税率は 30％である。

①前期の有価証券報告書において、連結貸借対照表、連結損益計算書は以下のように開示されている。

前期　連結貸借対照表

…		…	
商品及び製品	600,000	…	
…		利益剰余金	1,000,000
繰延税金資産	100,000		
…		…	

前期　連結損益計算書

売上高	6,000,000
売上原価	5,000,000
売上総利益	1,000,000
販売費及び一般管理費	600,000
営業利益	400,000
…	×××
経常利益	300,000
…	×××
税金等調整前当期純利益	250,000
法人税、住民税及び事業税	70,000
法人税等調整額	5,000
当期純利益	175,000
親会社株主に帰属する当期純利益	175,000

②当期の有価証券報告書において、比較情報として開示される前期の連結
貸借対照表、連結損益計算書は、棚卸資産評価の誤謬を修正後、以下の
ように開示される。

当期比較情報としての前期の連結貸借対照表

…		…	
商品及び製品	550,000	…	
…		利益剰余金	965,000
繰延税金資産	115,000		
…		…	

当期比較情報としての前期の連結損益計算書

売上高	6,000,000
売上原価	5,050,000
売上総利益	950,000
販売費及び一般管理費	600,000
営業利益	350,000
…	×××
経常利益	250,000
…	×××
税金等調整前当期純利益	200,000
法人税、住民税及び事業税	70,000
法人税等調整額	△ 10,000
当期純利益	140,000
親会社株主に帰属する当期純利益	140,000

（注）なお、前期の有価証券報告書に関する訂正報告書の提出の要否の検
討は省略している。

2. 修正再表示を行った場合、どのような注記が必要でしょうか

過去の誤謬の修正再表示を行った場合には、次の事項を注記します（過年度
遡及会計基準22）。

①過去の誤謬の内容

②表示期間のうち過去の期間について、影響を受ける財務諸表の主な表示科
目に対する影響額および1株当たり情報に対する影響額

③表示されている最も古い期間の期首純資産に反映された修正再表示の累積
　的影響額
例１の場合の修正再表示に関する注記例は次のとおりです。

（過去の誤謬の修正再表示）
　当社が前連結会計年度において商品及び製品の評価損 50,000 が計上さ
れていませんでした。前連結会計年度の連結財務諸表は、この誤謬を訂正
するために修正再表示しています。
　修正再表示の結果、修正再表示を行う前と比べて、前連結会計年度の連
結貸借対照表は、商品及び製品、利益剰余金がそれぞれ 50,000、35,000
減少し、連結損益計算書は、売上原価が 50,000 増加し、営業利益、経常
利益及び税金等調整前当期純利益がそれぞれ同額減少し、当期純利益及び
親会社株主に帰属する当期純利益が 35,000 減少しています。
　前連結会計年度の１株当たり純資産、１株当たり当期純利益及び潜在株
式調整後１株当たり当期純利益は、それぞれ XX 円 XX 銭、X 円 XX 銭、X
円 XX 銭減少しています。

参考文献

『こんなときどうする？ 引当金の会計実務（第2版）』EY 新日本有限責任監査
　　法人編（2019年、中央経済社）

『資産除去債務の実務―対象債務の抽出と会計処理―』新日本有限責任監査法
　　人、財団法人日本不動産研究所編（2010年、中央経済社）

『会計実務ライブラリー9 組織再編会計の実務（第2版）』新日本有限責任監
　　査法人編（2014年、中央経済社）

『詳解 組織再編会計 Q&A（第3版）』布施伸章著（2017年、清文社）

『過年度遡及処理の会計・法務・税務（第2版）』新日本有限責任監査法人、森・
　　濱田松本法律事務所、新日本アーンスト アンド ヤング税理士法人編
　　（2012年、中央経済社）

『決算期変更・期ズレ対応の実務 Q&A』新日本有限責任監査法人編（2014年、
　　中央経済社）

『試験研究費の法人税務（七訂版）』成松洋一著（2018年、大蔵財務協会）

『会社法体系 第3巻［機関・計算等］』編集代表：江頭憲治郎、門口正人／編集
　　者：西岡清一郎、市村陽典、相澤哲、河和哲雄（2008年、青林書院）

『監査役監査の基本がわかる本（第3版）』新日本有限責任監査法人編（2017
　　年、同文舘出版）

『IPO・内部統制の基礎と実務（第3版）』日本経営調査士協会監修、㈱日本投資
　　環境研究所、㈱AGS コンサルティング編（2017年、同文舘出版）

「会社法内部統制システムに係る監査役監査活動の概要」第39期本部監査役ス
　　タッフ研究会第4グループ（2012年、日本監査役協会）

「監査役監査実施要領」監査法規委員会（2016年、日本監査役協会）

索　引

さ

た

著者紹介

【監修・編集・レビュー】
菅野　貴弘（すがの　たかひろ）

公認会計士　EY新日本有限責任監査法人　シニアマネージャー

　監査法人に入所以来、自動車製造業、ノンバンク、消費財などの上場企業の会計監査を担当。主な著書（共著）として、『図解＆設例 原価計算の本質と実務がわかる本』（中央経済社）、『図解＆設例 会計・財務の本質と実務がわかる本』（中央経済社）、『業種、組織形態等に特有な会計と税務』（税務経理協会）。

【企画・編集・執筆】
高野　昭二（こうの　しょうじ）

公認会計士　高野昭二公認会計士事務所代表、上場企業社外監査役

　一般事業会社にて、品質管理、外注管理、購買業務、新商品開発等に従事。また、上場準備会社にて、社内規程作成や業務フロー構築を担当。その後、公認会計士の資格を取得し、EY新日本有限責任監査法人等にて、製造業などの上場企業の会計監査を担当。現在、個人事務所を開設、上場企業2社の社外監査役に就任。主な著書（共著）として、『棚卸資産の管理実務』（第一法規）、『連結財務諸表のチェックポイント』（中央経済社）、『決算書の税金科目クイックレビュー』（同文舘出版）など。

【執筆】
田村　悠（たむら　ゆう）

公認会計士　EY新日本有限責任監査法人　シニアマネージャー

　監査法人に入所以来、消費財、ソフトウェアなどの上場企業の会計監査を担当。主な著書（共著）として、『Q&A ソフトウェア業の会計実務―工事進行基準対応』（清文社）、『ベンダーとユーザーのためのソフトウェア会計実務Q&A』（清文社）。

鎌田　善之（かまた　よしゆき）

公認会計士　EY新日本有限責任監査法人　シニアマネージャー

　監査法人に入所以来、総合商社、テクノロジー、化学、素材などの上場企業の会計監査を担当。監査業務以外にも、IFRS導入支援業務、IPO支援業務、企業再生支援業務などを担当。主な著書（共著）として、『会社法決算書の読み方・作り方』（中央経済社）、『図解でスッキリ　ソフトウェアの会計・税務入門』（中央経済社）、『決算書の税金科目クイックレビュー』（同文舘出版）。

EY | Building a better working world

EY 新日本有限責任監査法人 について

EY 新日本有限責任監査法人は、EY の日本におけるメンバーファームであり、監査および保証業務を中心に、アドバイザリーサービスなどを提供しています。詳しくは shinnihon. or.jp をご覧ください。

EY について

EY は、「Building a better working world（より良い社会の構築を目指して）」をパーパスとしています。クライアント、人々、そして社会のために長期的価値を創出し、資本市場における信頼の構築に貢献します。

150 カ国以上に展開する EY のチームは、データとテクノロジーの実現により信頼を提供し、クライアントの成長、変革および事業を支援します。

アシュアランス、コンサルティング、法務、ストラテジー、税務およびトランザクションの全サービスを通して、世界が直面する複雑な問題に対し優れた課題提起（better question）をすることで、新たな解決策を導きます。

EY とは、アーンスト・アンド・ヤング・グローバル・リミテッドのグローバルネットワークであり、単体、もしくは複数のメンバーファームを指し、各メンバーファームは法的に独立した組織です。アーンスト・アンド・ヤング・グローバル・リミテッドは、英国の保証有限責任会社であり、顧客サービスは提供していません。EY による個人情報の取得・利用の方法や、データ保護に関する法令により個人情報の主体が有する権利については、ey.com/privacy をご確認ください。EY のメンバーファームは、現地の法令により禁止されている場合、法務サービスを提供することはありません。EY について詳しくは、ey.com をご覧ください。

2021 年 6 月 30 日　　初版発行　　　　　　略称：経営判断ガイド

事例でわかる経営戦略成功のカギ
経営判断に役立つガイドブック

編　者　　EY 新日本有限責任監査法人

発行者　　中　島　治　久

発行所　同 文 舘 出 版 株 式 会 社
東京都千代田区神田神保町 1-41　　〒 101-0051
営業（03）3294-1801　　編集（03）3294-1803
振替 00100-8-42935　　http://www.dobunkan.co.jp

本書と ともに

監査役監査の
基本がわかる本（第 4 版）

A5 判・280 頁・税込 3,080 円（本体 2,800 円）

海外子会社の
内部統制評価実務

A5 判・328 頁・税込 4,180 円（本体 3,800 円）

英文会計の
コミュニケーション（第 2 版）

A5 判・352 頁・税込 4,290 円（本体 3,900 円）

会計士とアナリストの視点でみる！
財務分析マニュアル

A5 判・232 頁・税込 2,530 円（本体 2,300 円）

同文舘出版株式会社

Cover Design: Misa Yoshinari (Othello)
Print: 三美印刷

ISBN978-4-495-21025-0
C2034 ¥3200E

定価（本体3,200円＋税）

経営判断ガイド　21025

9784495210250

1922034032002